"十四五"普通高等教育本科部委级规划教材

产教融合教程

抖音电商运营实战

熊灵雕　胡傲雪◎编著

CHANJIAO RONGHE JIAOCHENG
DOUYIN DIANSHANG YUNYING SHIZHAN

中国纺织出版社有限公司

内 容 提 要

本书基于对业内人力资源的调研撰写，确立了急缺型人才需要掌握的内容框架，其中既包括兴趣电商全域生态认知，也涉及大量兴趣电商平台中普遍运用的专业技能与经验。读者可以通过阅读本书，快速了解以抖音平台为代表的兴趣电商模式，掌握从事兴趣电商模式的一般逻辑和实践经验，顺利开展兴趣电商的相关工作。

本书适合网络与新媒体、广告学、电子商务等高等教育专业师生，以及期望从事兴趣电商行业的相关人士阅读。

图书在版编目（CIP）数据

产教融合教程：抖音电商运营实战 / 熊灵雕，胡傲雪编著. -- 北京：中国纺织出版社有限公司，2025. 6. （"十四五"普通高等教育本科部委级规划教材）.

ISBN 978-7-5229-2508-0

Ⅰ. F713. 365. 2

中国国家版本馆 CIP 数据核字第 2025P9H284 号

责任编辑：张艺伟　李春奕　　责任校对：高　涵
责任印制：王艳丽

中国纺织出版社有限公司出版发行

地址：北京市朝阳区百子湾东里 A407 号楼　邮政编码：100124

销售电话：010—67004422　传真：010—87155801

http://www.c-textilep.com

中国纺织出版社天猫旗舰店

官方微博 http://weibo.com/2119887771

北京通天印刷有限责任公司印刷　各地新华书店经销

2025 年 6 月第 1 版第 1 次印刷

开本：889×1194　1/16　印张：9

字数：206 千字　定价：58.00 元

凡购本书，如有缺页、倒页、脱页，由本社图书营销中心调换

江西服装学院
产教融合系列教材编写委员会

总 序
GENERAL PREFACE

当前，新时代浪潮席卷而来，产业转型升级与教育强国目标建设均对我国纺织服装行业人才培育提出了更高的要求。一方面，纺织服装行业正以"科技、时尚、绿色"理念为引领，向高质量发展不断迈进，产业发展处在变轨、转型的重要关口。另一方面，教育正在强化科技创新与新质生产力培育，大力推进"产教融合、科教融汇"，加速教育数字化转型。中共中央、国务院印发的《教育强国建设规划纲要（2024—2035年）》明确提出，要"塑造多元办学、产教融合新形态"，以教育链、产业链、创新链的有机衔接，推动人才供给与产业需求实现精准匹配。面对这样的形势任务，我国纺织服装教育只有将行业的前沿技术、工艺标准与实践经验深度融入教育教学，才能培养出适应时代需求和行业发展的高素质人才。

高校教材在人才培养中发挥着基础性支撑作用，加强教材建设既是提升教育质量的内在要求，也是顺应当前产业发展形势、满足国家和社会对人才需求的战略选择。面对当前的产业发展形势以及教育发展要求，纺织服装教材建设需要紧跟产业技术迭代与前沿应用，将理论教学与工程实践、数字化趋势（如人工智能、智能制造等）进行深度融合，确保学生能及时掌握行业最新技术、工艺标准、市场供求等前沿发展动态。

江西服装学院编写的"产教融合教程"系列教材，基于企业设计、生产、管理、营销的实际案例，强调理论与实践的紧密结合，旨在帮助学生掌握扎实的理论基础，积累丰富的实践经验，形成理论联系实际的应用能力。教材所配套的数字教育资源库，包括了音视频、动画、教学课件、素材库和在线学习平台等，形式多样、内容丰富。并且，数字教育资源库通过多媒体、图表、案例等方式呈现，使学习内容更加直观、生动，有助于改进课程教学模式和学习方式，满足学生多样化的学习需求，提升教师的教学效果和学生的学习效率。

希望本系列教材能成为院校师生与行业、企业之间的桥梁，让更多青年学子在丰富的实践场景中锤炼好技能，并以创新、开放的思维和想象力描绘出自己的职业蓝图。未来，我国纺织服装行业教育需要以产教融合之力，培育更多的优质人才，继续为行业高质量发展谱写新的篇章！

纪晓峰

中国纺织服装教育学会会长

2024年12月

前 言
P R E F A C E

当下，有人简单地将电商平台归为两类，一类是以淘宝、京东、拼多多为代表的传统货架电商，另一类是以抖音、快手、小红书为代表的兴趣电商。关于两类电商模式孰优孰劣，不同人士有不同的看法。尽管态度不一，但普遍认同的观点是，如今兴趣电商似乎更适合电商新人"入局"。其原因可以归为三点：一是兴趣电商的入行门槛相对更低，新人甚至可以不需要过多的资金投入与货源储备，便可以体验电商经营；二是兴趣电商的流量渠道更加丰富，在有一定的流量运营经验的前提下，账号可以在平台上获得相对更多的免费流量；三是兴趣电商的变现模式更加丰富，依托于海量的兴趣内容，商品的流通与经营策略日益完善。

经过简单分析，似乎兴趣电商对电商新人来说有着更广阔的前景。但请不要忽略，兴趣电商存在的种种优势依然需要基于两个前提：一是运营者充分了解兴趣电商的底层逻辑，二是运营者能够较好地把握平台的相关规则。否则将传统货架电商的运营思维带入兴趣电商平台的运营，也许未必能够取得期望中的效果。

基于此，本书围绕以抖音为代表的兴趣电商平台，深入剖析兴趣电商运营的基本逻辑，帮助运营者精准掌握模式特点及用户所需，辅助运营者建立对兴趣电商经营的全景性认识。如果你也希望能够参与以抖音为代表的兴趣电商运营，这本书或许会让你有所收获。

当然，由于纸质媒介与电子媒介之间存在时空上的天然矛盾，以抖音为代表的兴趣电商趋势无时无刻不在发生变化，规则也需要根据平台发展的不同阶段及时调整，而书籍只能记录当下的经验和知识，可能当读者看到兴趣电商的经验和知识分享时，或许部分内容已经不具备实操价值。所以，为了保证读者在拿到本书时有所收获，本书主要介绍运营的基础规则和通用实操，不着重讲解实操过程中的具体细节与易变动的部分，帮助读者把握好兴趣电商运营的关键逻辑。

本书共分为五章，前两章主要介绍抖音电商的概念性内容，以及抖音电商运营相关的基础知识，后三章分别对短视频、抖店、直播生态进行实操性介绍，并涉及绝大多数的营销链路和场景。若读者疲于了解抖音电商相关的概念性内容，可以直接从第三章开始阅读。

熊灵雕

2024 年 6 月

教学内容及课时安排

章 / 课时	课程性质 / 课时	节	课程内容
第一章/4	理论基础/10	·	**抖音电商概述**
		一	兴趣电商与全域电商
		二	电商模式的变迁历程
		三	抖音电商的变现渠道
		四	选择抖音电商的理由
		五	从事抖音电商的基本技能
第二章/6		·	**抖音电商运营模块介绍**
		一	内容运营模块介绍
		二	抖店运营模块介绍
		三	直播运营模块介绍
第三章/40	专业素质及能力/110	·	**抖音电商内容运营实战**
		一	抖音电商内容策划
		二	抖音电商内容创作
		三	抖音电商内容制作
		四	抖音内容流量运营
		五	抖音内容变现渠道
第四章/30		·	**抖音小店店铺运营实战**
		一	抖店基础知识
		二	选品与定价
		三	商品上架
		四	冷启动运营
第五章/40		·	**抖音电商直播运营实战**
		一	抖音电商直播运营基础
		二	抖音电商直播运营清单
		三	抖音电商直播运营策略

注 各院校可根据自身的教学特色和教学计划调整课时。

目 录
CONTENTS

第一章
抖音电商概述

课程名称：抖音电商概述

课程内容：

1. 兴趣电商与全域电商

2. 电商模式的变迁历程

3. 抖音电商的变现渠道

4. 选择抖音电商的理由

5. 从事抖音电商的基本技能

课程时间： 4课时

教学目的： 讲述以抖音为代表的兴趣电商平台的相关基础概念，并介绍从事抖音电商的基本

要求，以便学生初步认识抖音电商平台与兴趣电商模式的基本特点。

教学方式： 理论教学。

教学要求： 要求学生了解兴趣电商模式与传统货架电商模式的差异，深入了解电商模式的核心竞争力，同时把握抖音电商平台的优势，知悉从事抖音电商的基本要求。

课前准备： 安装抖音应用程序，并了解抖音短视频、抖音小店、抖音直播带货的形式。

你是否听说过这样一句广为流传的话，"你永远赚不到你认知以外的钱"。严格来看，这样的描述失之偏颇，但其中意在强调"认知"对事业的帮助作用，值得深思。今天，人人都知道抖音电商蕴含着巨大的商业潜力，但抖音电商到底是如何获利的？它真的适合每个人吗？

无论你是已经踏足抖音电商领域，还是正在踌躇观望，都不妨先对抖音电商建立一定认知，了解以抖音为代表的兴趣电商的潜在价值和优势。

第一节　兴趣电商与全域电商

在电商领域，当下讨论最热门的概念当属兴趣电商与全域电商。

2021年4月，抖音电商前任总裁康泽宇在首届抖音电商生态大会上，将抖音电商模式定义为"兴趣电商"。康泽宇认为，抖音电商的模式是结合抖音的内容和算法优势，将商品推荐给潜在感兴趣的人群，围绕内容生态进行商业转化。在网络上还有一个形象的比喻，如果传统电商平台的使用类似于一种"边选边买"的行为模式，那在兴趣内容的加持下，这一过程则转变为一种"边逛边买"的休闲模式。相较于"边选边买"的模式，"边逛边买"的模式更具有趣味性。

实际上，关于兴趣电商的概念和商业模式，目前业界和学界均没有一个统一的界定，但其基本逻辑是相似的。兴趣电商是依托于优质的内容和精准的算法，通过对用户兴趣的深度把握，为用户提供个性化的商品或服务。

截至2023年底，多数传统货架电商平台都意识到了优质的兴趣内容对于线上交易和服务的重要价值，大量电商卖家纷纷开始布局产品相关的兴趣内容制作，不少品牌方搭建了自有短视频平台与直播团队，业内专家也将"兴趣电商"看作互联网经济的新风口。

随着时间的推移，全域电商的模式成了业内津津乐道的对象。但由于全域电商同样缺失统一的概念边界，部分电商新人易混淆兴趣电商与全域电商。

一　兴趣电商与全域电商的区别

如果对兴趣电商与全域电商进行概念性总结，兴趣电商是一种以兴趣为导向的电商模式，它通过内容推荐、算法匹配等技术，将商品精准地推荐给对它有潜在兴趣的用户，从而激发用户的购物需求。在传统货架电商模式中，用户通常具有明确的消费目标，进而通过相关搜索与类目推荐来寻找商品。在兴趣内容记录与精准算法的加持下，兴趣电商能够将用户潜在感兴趣的商品触达用户视野。在兴趣电商模式下，货品不再被动"等待"消费者，而是可以主动"曝光"在用户视野中以供选择。

全域电商是对所有消费者购物需求的渠道、触点、链路进行全面覆盖的电商模式。通俗来讲，全域电商是在所有主流平台中进行营销的模式，这里的平台不仅包括传统货架电商平台与兴趣电商平台，具备精准曝光条件的线上空间往往也被囊括其中，如各类社群小组（如微信群等）。所以，全域电商显然包含了兴趣电商的运营部分，两者是包含与被包含的关系。

　　在具体电商实践中，受到精力的限制，绝大多数电商主体难以触及真正意义上的全域电商，习惯于在传统货架平台电商的基础上，将额外布局抖音、快手、小红书等平台的规划称为全域电商经营，所以引申出做兴趣电商等于做全域电商的业内说法。

　　最后需要注意的是，在2022年5月举行的第二届抖音电商生态大会上，抖音电商总裁魏雯雯提出了"全域兴趣电商"的概念。在这一概念中，早期的兴趣电商忽略了货架电商模式或场景的重要性，兴趣内容平台容易变为"种草型平台"，成交转化率并不理想，所以该全域兴趣电商中的"全域"是指电商生态和场景的拓宽，是内容场与货架场的进一步全局性融合，主要目的在于提升兴趣内容平台的电商转化率，而传统全域电商中的"全域"是指电商平台及渠道的拓展。

　　不过当下，现有"兴趣电商"在大众认知中本就包含了货架场与内容场交互概念，所以强调将内容场与货架场予以划分讨论的"全域兴趣电商"概念并未在业界之外得到很好的传播。故此，本书讲解的兴趣电商概念实际上默认等同于全域兴趣电商的概念，不区别讨论。

二　兴趣电商与全域电商的选择

　　商家运营时选择全域电商或者兴趣电商需要根据自身情况来决定。从规模层面来看，如果人员规模较小，甚至是"单兵作战"，那么非常不建议进行全域电商的运营，根据现代商业思维，项目早期应该集中所有精力及优势进行单点突破，而非广撒网。用户更容易记住一次90分的体验，而不是十次60分的体验。若已具备一定规模的团队，可以尝试全域运营，毕竟多维度的尝试可以获得更多成功的可能。

　　若从商品或付费服务层面来看，越是高度个性化、定制化、新奇性、情感类、文化类的商品和服务，越建议应首先选择兴趣电商，这是因为定制化与个性化的产品需要更多的情境展示与信任背书。在内容的加持下，相比于一般的商品详情页与客服咨询的组合，消费者能够更加清晰地了解到定制化商品或服务的全貌，以实现早期业绩的快速增长，待具备一定体量后，才适合全域渠道的铺设，进一步追求末端的长尾收益。对一些常规的、已具有较高大众认知度的商品（以快消品为主），则可以在早期通过全域平台布局，快速抢占多个平台的市场份额。除此之外，当某一类产品存在主要依靠站内内容种草，但各类因素导致一部分消费者最终在外部平台成交的情况时，也可以尝试全域电商，以实现流量的承接。

三　主要的兴趣电商平台介绍

　　当前，市面上符合兴趣电商概念的平台非常多，最知名的莫过于抖音、快手和小红书三大平台。当然，也有一些兴趣电商平台深耕于不同的细分垂直领域，收获了较多的大众认可，如主打运动领域的"得物"、主打性价比好物的"路口"、主打餐食领域的"下厨房"等平台。但严格来说，很多传统货架电商平台，如淘宝，也在不断朝着兴趣内容板块拓展，但其兴趣的链路相比于上述平台不够鲜明，故暂不归入其中。

在兴趣电商的选择上，绝大多数商家会将目光首先瞄准在抖音、快手、小红书三大平台上。如果对三大平台饶有兴致，可以在简单了解三大平台的主要差异后，再作思考和选择。三大平台的差异可以简单归为以下几个方面。

一是流量分发的区别。抖音、快手与小红书三大平台均有自身的流量分发算法，但是存在一定的差异。抖音的分发逻辑属于"赛马机制"，需要在同类竞争对手中脱颖而出获得流量；快手的分发逻辑倾向于个性化的人设，根据受众的偏好倾向匹配一张张"脸谱"，这种有标签特点的脸谱机制是快手流量的主要来源；小红书更倾向于为优质内容供应流量。

从运营阶段来看，三大平台均已迈过了增速期，且需要通过制定流量分发策略来稳定平台的运行，为了实现这个目标，三大平台拿出了不同的方案。抖音通过鼓励同类竞争，从而激发更优质的内容生产；快手看重人设，希望通过利用观众与意见领袖（key opinion leader，KOL）或网络达人的感情联系，提升平台与用户的黏性；小红书主张通过鼓励博主高品位与优质生活的分享，成为潮流引领的风向标，不断突出"种草机器"的平台商业价值。

二是变现模式的区别。在三大平台中，抖音和快手的变现路径总体趋同，直播、广告、货架、流量激励等内容十分丰富，而小红书的变现路径相对较窄，主要依赖广告合作和私域获客变现，商城店铺整体销量目前仍低于其他两大平台。

三是用户画像的区别。由于缺少权威数据支撑，仅从第三方相关报道和经验性观察来看，抖音覆盖人群最广，日活体量最大，城市渗透率高；快手主站男性用户占比更高，地域上北方用户偏多，新一线以下城市群体是用户主力；小红书平台日活群体中18~34岁的女性占比更高，内容更突出性别、职业和潮流化的特点。

四是对不同身份接纳态度的区别。抖音、快手和小红书的用户面对不同的身份时，在接纳态度上存在一定的差异。从实战经验来看，抖音对"商家""达人""素人"的接纳态度不存在明显的差异；快手更愿意接受"达人"与"素人"，对商家的接纳度也在进一步提升；小红书更愿意接纳"素人"和"达人"，目前对商家的接纳度有一定的提升空间。

第二节　电商模式的变迁历程

我国电商行业相较于发达国家起步较晚，但近年来发展迅速，电商模式也经历了多次转变。

2008~2015年，随着我国基础互联网设施的不断完善，普通大众可以更为便利地接入互联网，这也吸引了无数传统企业参与电子商务的经营。由于减少了中间流通、终端运维成本和市场空间的拓展，大量卖家通过互联网电商的模式创新获得了一定的财富。然而，随着各大电商平台的治理规则日趋完善，商家之间竞争日益激烈，入局传统电商的门槛被不断抬高。

2015年前后，一部分电商卖家开始尝试寻找新的流量来源和更低成本的经营方式，由此，以人际社交为基础的社交电商模式迅速风靡，具有代表性的包括"有赞"和"微盟"等平台，商家将商业延伸至海量个体的私域圈层，实现商品更加具有渗透性的交易和传播，消费者也可以通过向他人推介购买商品获得一部分返佣奖励。社交私域的模式凭借人际的信任基础，让商品传导更加直接，并且自有线上平台的建设也能在一定程度上突破传统电商平台的规则束缚，因此受到了大量商家的青睐。

随着拼多多的横空出世，"病毒裂变＋低价"的营销模式进一步挖掘了人际私域的价值。不过，当越来越多人开始重新思考裂变营销带来的人际交往负担后，所谓的"娱乐社交新电商"的营销热度开始下滑。

2018年，当知名直播带货主播开始走进大众视野时，公众开始认识到直播电商的巨大商业价值。不过对于业内人士而言，直播电商的重要价值并不在于直播与电商相结合的模式创新，更重要的是看到了网络博主/第三方素人下场销售的巨大优势，相比于商家自卖自夸，有亲和力和影响力的优质内容生产博主能够实现更好的销售效果，这对商家而言是十分有利的。同年，抖音平台开始推出电商业务，优质内容的生产从此与电商业务开始了深度捆绑。

抖音平台将"内容＋电商"的生态模式称为兴趣电商。在这个模式中，用户购物完成了从"网络选品"到"网络逛品"的转变，商家营销实现了从"被动听令平台分配流量"到"主动出击收获流量"的变革，这一改变也让兴趣电商成为当下电商时代的新宠儿。

当然，任何模式都不会一直风靡，兴趣电商时代也会随时被扬弃。纵观电商模式的不断更迭，想要判断未来新模式或新业态是否具有布局价值，应看透表面"玩法"的浮华，回归对受众精神收获和购物效率提升的思考，同时解决卖家的收入前景与经营支出增长的困境。

综上，本节简单回顾了电商模式的变迁历程。在大多数关于电商发展历程梳理的书籍中，可以发现往往编撰者代入主流电商平台或者消费者的视角来看待中国的电商发展史，似乎多数都是电商卖家追随着平台或消费者节奏，电商卖家或者电商从业人员往往成为被忽略的部分。诚然，在大众眼中，中国的电商史可以简单归纳为电商平台争抢消费者的发展史，从C2C（消费者与消费者之间）模式到B2C（企业与消费者之间）模式，再到新零售和兴趣电商，平台看似为了适应消费者在不断进行更迭，但从另一个角度来思考，平台通过模式迭代争取到的消费者，又是为了谁？如淘宝、抖音这类电商平台，其平台本身不进行或仅小比重进行直接的商品交易。显然，平台电商模式的优化，是为了服务电商卖家，或者说电商平台本质上还是做着流量"买进卖出"的生意。所以反过来看，电商卖家也是推动电商模式变革的关键因素。

如果将平台比作一个大型商场，商场既要管理和服务好一个个店铺，也要服务好进入商场购物的消费者。相对于管理店铺和服务卖家，服务消费者总体来讲要容易一些，主要是不断优化消费者的购买体验，通过各种措施提升消费者的购物效率，同时为平台积攒口碑，培养用户习惯，从而形成竞争壁垒，如淘宝的"88VIP"客户群，这个群体可以说是淘宝的核心用户。反观平台对商家的服务和管理，则需要非常敏感和恰当地度量。实际上，商家很难对平台的管理和服务形成依赖，在哪个平台能够获得更高的收益，商家便会迁移到哪个平台，因为不同于消费者容易受复杂情感和习惯性因素的影响，商家只有一个目标，那便是逐利，而失去了卖家群体的电商平台，终归难以为继。以上论述在于重新强调电商卖家与消费者在电商生态中同等重要的意义。

第三节 抖音电商的变现渠道

在对兴趣电商有了基础了解后，可以开始进一步认识兴趣电商的代表——抖音电商。有人认为抖音电商是指抖音电商平台，也有人认为抖音电商是指在抖音平台进行商业行为的从业者，还有人认为抖音电商其实是一种泛指，是对所有从事以短视频为主的内容电商的一种统称，各种说法纷纭。

本书倾向于将抖音电商定义为在抖音生态内，以商业变现或商业推广为目的的一种业态。目前参与该业态的主体主要包括"素人"与"商家"两类，根据主体的不同，其变现渠道也存在一些差别。

一 素人可以进行的商业变现

1. 私域转化

除了线上容易流通的一般商品和服务，在用户需求中还有一部分潜在的消费无法通过线上渠道直接实现。例如，买车、购房验房、婚恋、理发、私厨、心理治疗等，这一类消费要么需要依托线下场景，要么存在一定的定制化特点，难以进行标准化售卖，导致这类业务难以在短时间内扩张为大区域内的品牌。然而消费者在进行该类消费时又往往倾向于选择具有一定信用背书或口碑特点的服务对象，并常以点对点的模式进行服务。这就为相关素人从业者提供了财富商机。

2. 咨询辅导

如果用户在抖音平台上经常关注某项爱好或技能领域的内容，便很容易刷到该领域的博主，如声乐博主、英语博主、剪辑博主以及抖音运营博主等。这类博主通常以输出知识内容为主，通过兴趣内容积攒关注，并借机向关注者售卖知识或技能。

3. 广告植入

提到电商，大部分人脑海中第一反应是线上销售产品和服务，但实际上，有一部分人群依靠兜售自有账号的"推流模型"（推流模型是指用于在线推广和广告投放的算法和策略）让广告主获利。广告主希望自家的产品或服务能够精准投递到目标用户的视野中，于是垂直领域的博主受到了广告主的青睐。一方面，借助粉丝对网络博主的好感度，能够让自身产品在一定程度上被用户更好地接受；另一方面，在"字节系分发机制"（字节跳动公司旗下产品所采用的内容分发和用户增长策略）下，垂直领域博主基于积累的推流模型，使其内容能够更精准地渗透目标群体。所以，数码3C、潮流美妆、美食评测等领域的博主往往能够接到相关的广告商单。若账号无法私下与广告主达成合作，在满足一定的条件后，还可以通过抖音的"星图任务"进行变现，不仅限于实体商品推广，小说推文推广、小程序推广等都可以赚取一定的报酬。

4. 短视频与图文带货

素人可以在账号满足一定的粉丝数量条件后，通过开通账号橱窗，进行短视频与图文带货。素人博主一般以销售第三方商品为主，当然素人个体也可以注册"抖音小店"（以下简称"抖店"）进行自有产品的销售，但不建议以个人身份认证开通抖店。

5. 直播变现

素人博主可以通过直播的两个方向获取收益，一个方向是内容直播，主要是兑换观众支持的虚拟礼物如"音浪"进行变现，或者预约"小风车"（抖音直播的一种功能）进行转化。另一个方向是通过直播带货进行销售变现，这也是抖音达人目前最常见的变现方式之一。

6. 其他模式

其他变现商业模式以内容制作和出场费为主，比如可以参与"创作者伙伴计划"（一项视频创作的联合活动），通过生产内容赚取报酬，也可以受邀参加各类活动赚取一定的劳动报酬。不过由于大多数业内人士不将诸如此类的变现模式归类为电商部分，故不作详细强调。

二 商家可以进行的商业变现

1. 抖店运营

抖店是抖音的电商平台，主要功能与传统电商相似。商家注册抖店后，可以在抖店不依赖内容创作直接进行电商转化，可通过商品卡运营的单一方式获取流量。当然也可以借助短视频、直播等方式更好地营销抖店商品。除了自主运营外，商家还可申请加入"精选联盟"，邀请达人销售自家产品，同时商家也可以与第三方（个人或组织）进行私下合作营销。目前，抖店也开放了第三方服务平台，商家可以通过付费的方式委托第三方运营。

2. 直播带货

近年来，越来越多的商家通过组建团队或外包的形式，拥有了品牌直播间，并投入大量资源进行运营，商家亲自下场进行直播带货成为越来越主流的选择。

3. 内容引流

内容引流是指通过制作兴趣内容的形式，提升品牌的知名度或好感度，从而间接变现。特别是对于有大量线下购买场景或渠道的品牌，如快消品类，优质的内容或许无法直接在线上进行成交转化，但可以促成消费者在其他渠道的消费，实现间接盈利。

相较于素人博主，商家身份的变现模式没那么丰富，但这并不意味着商家身份在抖音平台变现更难。从实践经验来看，绝大多数非头部达人需要依赖一定的粉丝体量才具备良好的变现能力，转化对象通常是粉丝或观众。商家不需要过高的受众黏性，成交对象往往是浏览的过客和陌生人。上述两种身份之间不存在绝对的孰优孰劣之分。

第四节 选择抖音电商的理由

在自由市场环境下，有商业前景的项目非常多，为何选择抖音电商？在解答这些疑问前，必须说明的是，抖音电商并不适合所有人，也并非所有人都需要成为抖音电商。

首先，对于素人来说，如有以下几类情况，抖音电商或许不是最佳的选择。

（1）缺乏社会道德责任感的。

（2）不认可现有的平台或互联网规则的。

（3）无法接纳现有互联网文化的。

（4）心理承受能力较差的。

（5）不愿意拥抱变化或长期学习的。

其次，对于商家来说，除了上述提及的情况外，还需要考察以下几类情况。

（1）不能够充分尊重消费者或用户的。

（2）知识产权意识较差的。

（3）商品或服务竞争力较弱的。

（4）出售的商品或服务不在抖音平台白名单范围内的。

抖音作为全民级的线上公共空间，无论是素人还是商家，都必须有较高的责任意识，严格遵守社会主义核心价值观，只有充分尊重社会大众，才能收获来自社会大众的尊重。同时，遵守现有平台和互联网规则是所有线上经营的基础，乐意拥抱互联网文化方能更好地对网民敞开大门。

由于网络空间的内容并不总是一致的、赞美的，相左的、负面的内容也常常出现，所以从事抖音电商的群体需要具备一定的心理素质，拥有一双能够倾听和欣赏不同声音的耳朵，同时也需要保持长期性的学习，不断适应互联网的各项变化。

对商家来说，充分尊重消费者和用户，充分尊重知识产权是互联网营商的基本。在可视化内容和巨量流量的加持下，抖音的商家对知识产权信息更加敏感，大到品牌的商标、产品的专利，小到字体和图片素材都需要格外慎重。此外，抖音电商经过几年的发展，平台竞争相对早前更为激烈，商家的产品必须有较强的竞争力，倘若产品自身竞争力较低，流量可能会成为产品走向没落的加速器。另外，如果计划销售的产品或服务不在抖音平台白名单范围内，需要尝试申请"报白"，或谋求其他平台进行销售。

综上所述，若无上述提及的情况，抖音平台可以作为素人或商家实现商业拓展的重点选择。

在讨论了抖音电商的人群匹配后，可以进一步探讨有哪些理由吸引社会各界踊跃布局抖音电商。简单归纳，至少有以下七大理由成为抖音电商广纳各界英才的基础。

1．相对公平

无论是作为兴趣电商平台还是短视频平台，抖音流量的分发与营商环境都是相对公平的。这个相对公平来自字节系算法驱动机制的保障，确保了大多数普通人能够处在同一起跑线，受制于同一营商规则，当然也不排除一些具有品牌和资金优势的个人或企业能够在抖音平台获得更好的流量扶持。

2．去中心化

对绝大多数中小型电商从业者来说，过度中心化是电商组织和内容创作者的一大灾难，如某传统电商平台资源过度集中，曾导致大量中小商家纷纷离场的窘境。抖音通过叠加推荐机制实现了一定的去中心化效果，相比于一般平台，可以在一定程度上降低受众对特定传播者的依赖，也让更多普通用户有机会成为焦点。例如，在抖音推荐的视频中，经常可以看到低粉丝量的普通人无意间发布的一条视频，流量数据甚至高过千百万粉丝量级的博主。

3. 全民级平台

无论从哪个角度对抖音平台进行评价，都不可否认的是，抖音是一款坐拥海量用户的热门应用程序，几乎覆盖了各个社会阶层的用户群体，这也带来了无穷的商业潜力，意味着绝大多数产品和服务都有匹配到潜在客群的可能。

4. 精准触达用户

如果掌握了一定的推流模型搭建知识，在抖音平台可以利用较低的成本，快速地搭建出所期望的人群模型，帮助个人或商家将信息触达目标群体。

5. 社会资本的积累

此处提及的社会资本是指个人或组织在社会网络中能够享受的社会资源福利，比如成为网络红人，可以更高效地获取信息、扩大人际关系网络、提高社会地位、建立信任关系，甚至可以直接提高社会收入水平。特别是对素人而言，社会资本的积累为其人生未来发展提供了更多的可能。

6. 更加丰富的第三方工具平台

相对于一部分垂类化的小众兴趣电商平台，抖音电商平台除了字节系官方的数据咨询与工具平台可以使用，如剪映、巨量、电商罗盘等，大量第三方平台的加持也能够让抖音运营变得更得心应手，如蝉妈妈、飞瓜数据、考古加等。

7. 让定制化项目更容易流通

传统的网购平台和团购平台更倾向于一般商品和服务的销售，抖音平台通过算法和更具象化的展现形式，让用户可以关注到更加新奇、小众的定制化商品或服务，使处于商业长尾中的项目焕发新的生机。

第五节　从事抖音电商的基本技能

相比于一些专业技能要求较高的行业和岗位，运营抖音电商对技能的基本考核与要求并不高，大多数初学者经过短时间的学习，都能够顺利掌握抖音电商涉及的基本技能。这些基本技能包括以下几个部分。

一　掌握手机或相机的使用技巧

现在，人们对手机或相机的拍照系统都有所接触，然而仅仅停留在"会按快门键"远远不能满足短视频创作的要求。由于抖音对内容的质量审核，拍摄视频的内容是否清晰、声音是否干净、画面是否稳定等都会影响观众的体验，从而影响最终的推流。所以，必须了解一些摄影摄像操作的基本知识，包括曝光、防抖、收音、白平衡等。

1. 曝光

曝光可以简单理解为对画面亮度的控制，它由光圈、快门、感光度（ISO）决定，光圈、快门、IOS也被称为曝光三要素，三者之间存在互易关系，通过互易关系的调整可以实现更好的画面亮度平衡，这是视频拍摄的基础。如果创作者希望尝试高质量内容的创作或商家营销的商品或服务需要高标准的包装，那么建议使用相机进行拍摄。但要注意的是，在选购相机时尽量选择单反、微单相机，避开摄像机。因为在考虑经济要素的情况下，单反、微单相机由于CMOS（数码相机用来感光成像的部件）更大，能够记录更高质量的画面，也更加便携，能够轻松满足不同环境下的拍摄。最后，如果想得到风格化鲜明的视频内容，建议购买配备LOG模式（对数伽马模式，能够捕捉更广泛的亮度范围）的设备。

2. 防抖

防抖是对画面质量的基本保障。抖音的资深用户应该会发现，在抖音平台刷到画面过分抖动的视频内容的概率非常低。过分抖动的画面会令观看体验较差，自然该类内容也得不到认可和传播。目前，绝大多数手机都配置了光学防抖（OIS），OIS能够高效处理画面的抖动问题，但仅使用手机自带的防抖系统，往往无法获得满意的效果，特别是在颠簸和暗光的环境下，OIS会显得尤为乏力。所以，如果在拍摄中经常涉及大量的运镜需求，建议配备一系列物理防抖设备。三脚架、兔笼、云台（图1-1）和机械臂等都属于物理防抖设备，具体选择哪一款物理防抖设备，需要结合自身拍摄需求决定。

图1-1 主流手机云台的设备展示

3. 收音

视频的声音也是影响用户体验的一个重要因素。解决收音问题最简单的方式是购买专业的收音设备，如今对内容创作者而言，蓝牙类收音设备是最主流的选择。但在涉及大量后期配音和高质量人声要求的情况下，除了购买专业的设备外，还需要了解声波传递的规律，以便获得更优质的声源。

4. 白平衡

白平衡的设置经常容易被拍摄者忽略。从应用角度来说，白平衡对调整人物肤色、还原商品或场景色彩都非常有帮助。虽然现在很多手机系统都配置了自动白平衡，但并不是任何时候都是可靠的。这需要拍摄者掌握一定的白平衡理论知识与实践经验。

最后，很多拍摄者都存在一个常见的误区，使用手机拍摄时，并不是画面帧率与分辨率越高越好。实际上，对于绝大多数的内容题材而言，视频格式为竖屏、720×1280P、30帧/秒即可，上传时码率最好控制在4000kbps以下。一味地拉高分辨率、帧率、码率，未必会获得更好的画面效果，这是因为抖音平台会对上传的视频进行二次转码压缩，如果作品参数高于官方标准，很可能会被强行优化至标准分辨率，导致画面看起来更加模糊。

二 视频剪辑与图片处理技能

抖音平台以传播视频和图文为主，所以掌握简单的视频剪辑与图片处理技能是非常必要的。

目前，绝大多数视频和平面处理软件的学习成本较低，多数相关软件在经历大量的版本迭代后，已经降低了使用门槛和学习难度，所以，创作者不必过分忧虑软件方面的学习。

视频剪辑软件首先推荐剪映，这是一款对新手非常友好的字节系剪辑软件，不仅与抖音的适配程度非常高，其功能开发也完全匹配短视频的创作特点。如果不满足基本的剪辑创作，那么可以尝试对达芬奇软件和 Adobe Premiere Pro（以下简称 Pr）软件进行学习。两者都具有视频剪辑与颜色管理的功能，但存在鲜明的特色与差异，其中达芬奇强调色彩管理，节点式构架能够让用户提升色彩的渲染效率，非常适合于电影与电视的制作，不过需要用户具备一定的色彩知识，而采用层叠式构架的 Pr 比达芬奇拥有更强大的视频剪辑能力，有助于完成更加具有想象力的视频编辑。当然，如果是 MacOS 系统的用户，同时十分讲究剪辑效率与工作体验，那 Final Cut Pro 也是非常值得推荐的选择。

三 盯盘能力

在抖音运营中，"盯盘"主要指的是对数据进行实时监控和分析。盯盘不仅要盯"小盘"，也要盯"大盘"。"小盘"通常指自身账号的各类数据，也可以指同行或竞争对手的各类数据。"大盘"指整个抖音平台的各类数据。上述提到的各类数据大致可以分为三部分：一是抖音短视频的各项数据；二是抖音直播的各项数据；三是抖音商城的各项数据。

盯小盘的目的在于及时调整运营策略，提升短视频、直播、电商的实际效果。盯大盘意的目的在于了解流行趋势、舆论趋势及行业货盘，确保自身的内容呈现、商品与服务设计、店铺经营都能够跟上最新的潮流，以收获大众的喜爱。抖音作为一类新媒体，"求新"十分重要。

四 灵活的决策制度设计能力

由于消费终端的巨变，对一些企业来说，欠缺的往往不是营销思维的创新，而是过于落后的制度设计阻碍了其在兴趣电商领域的发展，具体表现为冗长的决策流程和风险责任制度设计。需要了解的是，抖音平台的流量"来得快"，但"去得也快"，对兴趣电商来说，内部流程速度慢于外部流量速度是非常致命的。所以，有必要结合时下流量特点，优化法人结构治理，或者结合公司具体情况，为电商专门定制一套区别于传统营销的管理方案。当然，将兴趣电商的业务外包给第三方也是许多大型公司的选择。

第二章
抖音电商运营模块介绍

课程名称：抖音电商运营模块介绍

课程内容：

1. 内容运营模块介绍

2. 抖店运营模块介绍

3. 直播运营模块介绍

课程时间： 6课时

教学目的： 系统讲解抖音电商运营涉及的具体工作及划分，并对工作内容进行概念性与经验性介绍，帮助初学者对抖音电商运营建立全景性认识。

教学方式： 理论教学。

教学要求： 要求学生熟悉抖音电商运营涉及的各项工作，并把握不同工作中的基本概念，了解不同工作划分对工作者的技能要求。

课前准备： 要求学生应用招聘软件了解用人单位对抖音电商运营各项岗位的需求，并思考为何会存在该类需求。

在正式开始介绍抖音电商的相关运营工作前，首先有必要厘清当下从事抖音电商主要存在哪些运营工作，明晰这些具体工作的一般概念与规则，梳理其背后的一般逻辑，有助于帮助行业新人建立系统化运营模块。

将从事抖音电商的流量载体进行模块化划分，可以分为内容运营模块、抖店运营模块和直播运营模块（图2-1）。

图2-1　抖音电商运营三大运营模块划分

三大模块构成了抖音电商的基本运营内容。值得一提的是，由于存在变现目标和商业主体的差异，这三大模块并非需要同时执行，比如素人博主可以直接放弃抖店运营，快消品商家可以放弃内容运营。关于三大模块的抉择，没有标准答案，可结合自身情况进行选择。

第一节　内容运营模块介绍

内容运营是指通过创作、编辑、组织、呈现等手段，凭借内容的影响力，促进用户参与品牌传播和实现业务目标达成的一系列工作。在抖音电商的范畴中，内容运营通常伴随着较强的商业目的。对绝大多数抖音电商运营主体来说，内容运营模块或许是最关键的模块，优秀的内容运营能帮助个人或商家积累大量的免费流量和形象口碑，积攒无形的社会资产。内容运营也是兴趣电商区别于传统货架电商和社群电商的关键。

目前市面上，内容运营的岗位通常包括策划、创作、制作和运营四个板块的工作内容（图2-2）。

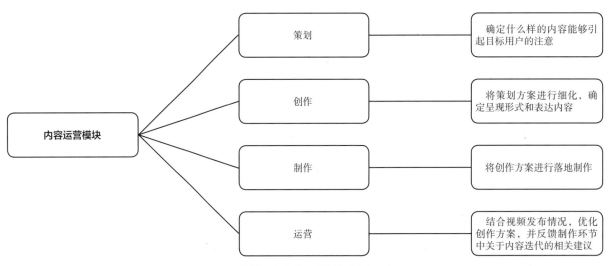

图2-2　抖音电商内容运营模块岗位工作划分

1. 策划板块

策划板块的工作目标是"确定什么样的内容能够引起目标用户的注意"。围绕这个目标进行一系列商业定位、内容定位、IP策划（将知识产权进行整合、开发和推广的策略）、人格化/人设策划、账号搭建等工作。

2. 创作板块

创作板块的工作是根据策划蓝本进一步细化，围绕目标人群的偏好，确定内容的呈现形式和表达内容，在这个过程中，需要做好素材库搭建，编撰脚本与文案，确定呈现内容与呈现形式。

3. 制作板块

制作板块的工作是将创作好的文案或脚本进行编排、录制、剪辑。

4. 运营板块

运营板块的工作是围绕视频的发布，开展一系列的辅助运营工作。这些运营辅助工作主要包括数据分析、推广运营、用户运营等。

（1）数据分析。数据分析是指通过对大盘、同行、自身账号的数据观察，为创作、制作乃至策划迭代提供反馈，同时为投流、合作、营销等活动提供数据参考。

（2）推广运营。简单来说，推广运营是指将账号内容或品牌形象推广出去，从而获得更多的流量关注，直接或间接完成商业转化的一系列工作。推广的渠道既包括站内推广，也包括站外推广；既包括付费推广，也包括免费推广；既包括同行合作，也包括异业联盟；既包括硬推广，也包括软推广；既包括商业推广，也包括公益推广。

（3）用户运营。用户运营的工作内容主要包括用户画像的统计、用户意见的收集以及内容用户的联络，其目的主要在于"拉新"（吸引新用户）与"留存"（保持现有用户活跃）。若仅依赖账号后台的画像反馈，往往不能百分之百捕捉精准的用户"脸谱"，若想深入认识目标受众，用户偏好的合法追踪、用户的量化统计与定性调研都是精确用户画像工作中不可或缺的部分；用户意见的收集，包括主动收集和舆情统计，既可以通过有奖问卷、访谈与主动询问完成意见收集，也可以通过搜索全网的评论和关键词，或利用舆情类工具及爬虫工具完成统计工作。用户意见的收集有助于完善账号迭代反馈，是保障内容长期生命力的关键；内容用户的联络，常见于粉丝群与论坛社区的管理与运营，用户的交流联络既有助于用户黏性的提升，也有助于树立口碑，实现良好的拉新效果。

第二节　抖店运营模块介绍

抖店的形态类似于淘宝、拼多多的一般店铺，它集聚在抖音商城中。抖店是绝大多数商品成交的中介，但抖店并非抖音电商变现的必要条件。

目前，虽然抖店的准入门槛不高，但运营门槛不低，想要经营好店铺并非易事。抖店适合在其他电商平台有过一定经验的运营个体或团队进行经营，若缺少其他电商的运营经验，建议先从内容运营开始，再逐步接触抖店。

当前，抖店运营模式可以划分成有货源运营和无货源运营两类。值得注意的是，无货源并非指不销售实体货品，而是指运营者不亲自囤货和发货，这种模式的本质是通过采集全网优质商品，在进行价格调整后上架到自己的抖店中进行销售。有货源和无货源属于两类不同的经营模式，具体介绍如下。

一 有货源运营

有货源运营的主要工作内容如下。

1. 商品管理

商品管理包括SKU管理、商品视觉管理、店铺检查。

（1）SKU管理。SKU（Stock keeping unit）原指库存进出计量的基本单元，是以件、盒、托盘等名称计数的商品的计件单位。在供应链领域，SKU常指代货品的"型号"，因此SKU管理也可以理解为一种型号的管理。今天，SKU在电子商务中被广泛作为一个独特的标识符，用于跟踪和管理仓库或零售地点中的每种商品、每个颜色和每个尺寸，比如一款皮鞋，同时配有3种颜色和5个尺寸，那么这款鞋便有15个SKU。通过使用SKU，企业可以更有效地对商品进行细致的库存管理、发货、补货、定价和跟踪销售，防止出现商品运输错误。

在电商运营中，SKU管理并不是单一的商品上、下架与商品库存的检查，这仅属于SKU管理中的日常性运维工作。实际上，SKU管理策略非常有讲究，优质的SKU管理战略往往是实现商业利益最大化的利器。

（2）商品视觉管理。商品视觉管理包含一切商品对外展示的工作，比如商品的主视觉（Key vision）设计、各类展位的视觉呈现设计、详情页设计、活动海报设计等。如果营销的商品存在一定的溢价现象，那么商品视觉管理十分重要，这就需要运营团队必须具备较好的摄影摄像、图片处理、三维（3D）建模等相关技能。

（3）店铺检查。店铺检查是抖店运营的基础工作，即需要周期性地对店铺所有的运营工作进行检查，若发现问题需要及时协调修改。在抖店后台，可以直接检查其运营反馈，并给予各类优化和问题处理建议。

2. 流量运营

流量运营主要是指帮助店铺及其商品获取尽可能多的内外部流量。流量运营的内容包括搜索优化、付费投流、内容引流及各种内外部的相关合作。

（1）搜索优化。搜索优化是指针对抖音商城的搜索算法进行一系列的优化工作。无论是抖音电商平台还是其他电商平台，搜索优化都是店铺运营中非常关键的一环，搜索优化的目的是获取最大的自然流量。抖店的搜索优化主要包括标题关键词优化、商品链接权重优化和店铺体验分的运维。

（2）付费投流。目前，抖店的付费投流产品主要包括精选联盟、巨量千川以及一些付费活动报名与付费合作。付费投流方式能够帮助商家在前期迅速打造店铺标签，快速推升店铺或商品链接的权重。

（3）内容引流。内容引流包括短视频/图文引流、直播引流，如果抖店想要享受更多的免费流量，那么内容场的耕耘是必不可少的一环。当前绝大多数的抖店商家都十分重视短视频/图文、电商直播的运营。

3. 营销策划

营销策划包括热点性营销策划与节庆性营销策划。热点性营销策划是指结合店铺与商品的情况，利用大众对不定期热点的关注度，对店铺或商品进行一系列的热点营销设计。节庆性营销策划是指根据各类规律性活动和节庆，有策略化地设计营销方案，这些营销方案包括主题方案和折扣方案。营销策划一般被纳入电商团队的基础工作。

4. 后勤服务

抖店的后勤服务包括客户服务与仓储工作两大块。

（1）客户服务。客户服务是为消费者提供一系列售前与售后咨询服务的行为。

（2）仓储工作。仓储工作一般来说有两种方式。一种是选择主流的第三方云仓，委托第三方完成仓储工作。另一种是建立自有仓库，自行对仓库进行建设与管理。目前来说，前者是绝大多数中小型商家的主流选择，而自建仓库需要对仓库内的所有商品进行管理，围绕商品的入库、出库、移库和盘点等内容，完成订单处理、退货处理、物流配送、系统维护、安全管理、人员管理、环境控制和数据分析等工作，这种模式更适合大体量的品牌或企业。仓储工作的具体内容如下：①订单处理。根据销售订单进行拣货、打包和发货，需要确保拣货的商品与订单信息一致，避免出现错发的情况。②退货处理。对客户退回的商品进行验收、处理和退回。需要确保退货的商品质量符合退货标准，并对其进行适当的处理，如维修、退回供应商等。③物流配送。将打包好的商品按照配送地址进行装车和发货，确保商品按时送达。需要与物流公司保持良好的沟通，确保配送过程顺利进行。④系统维护。维护仓库管理系统，包括数据的录入、更新和备份等。需要确保系统正常运行，避免出现数据丢失或错误的情况。⑤安全管理。确保仓库内的商品和员工的安全，需要对仓库进行定期巡查，及时发现和处理安全隐患。⑥人员管理。对仓库员工进行招聘、培训和管理，需要确保员工具备必要的技能和素质，并为其提供适当的培训和发展机会。⑦环境控制。根据商品的特点，对仓库内的温度、湿度等环境因素进行控制，确保商品的质量和储存条件符合要求。⑧数据分析。根据SKU的销售频率和特性，合理规划仓库的存储区域和拣货路径，并且提炼高效的拣货方法，如分区拣货、批量拣货或波次拣货，以提高拣货效率和准确性。

5. 数据分析

数据分析是指通过梳理店铺后台与平台行业大盘的相关数据，不断优化和调整运营策略，以提高店铺的销售效果和盈利能力。数据分析包括以下工作内容。

（1）流量数据分析。流量数据分析需要关注每天店铺的访问量、曝光量、转化率等数据，通过抖音商家后台的数据报告进行监控和分析，以了解店铺的流量来源和用户行为。

（2）商品数据分析。商品数据分析需要关注店铺的商品销售、商品点击率、购买转化率等数据，根据实际情况对商品进行调整和优化，以提高商品的销量。

（3）用户数据分析。用户数据分析需要关注店铺的用户数量、用户属性、用户喜好等数据，分析用户需求，制定精准的营销策略，以提高用户的转化率和黏性。

（4）营销活动数据分析。营销活动数据分析需要关注店铺的营销活动情况、活动参与度、活动效果等数据，根据数据反馈对营销策略进行调整和优化，以提高活动效果和销售额。

（5）运营成本数据分析。需要关注店铺的运营成本、收益等数据，通过数据分析找出成本过高的环节，实现优化和降低成本，提高店铺的盈利能力。

二 无货源运营

无货源模式的运营工作，相对于有货源模式要简单许多，主要包括以下内容。

1. 选品

选品是无货源运营的核心工作。在抖音平台中，并不是所有的商品都能够实现畅销，选品工作既要依靠数据作出准确的判断，也需要一定的决策眼光。

2. 供应商选择

值得信赖的供应商是一个店铺成功的基石，但是在选择供应商时容易遇到来自同行的竞争，这需要一定的判断技巧。

3. 店群

由于无货源模式降低了经营成本和精力，多数无货源卖家会同时开设多家店铺进行运营，这种模式也称为"店群模式"。店群模式存在非常多的优势：一是可以增加曝光机会，抢占更多市场份额。二是可以降低风险，避免单一店铺由于一些负面因素导致全盘受损，同时还可以在不同的店铺中尝试不同的营销方案和SKU方案，以更好地积累运营经验，提升店铺整体成交额[在电子商务领域，成交额全称为商品成交总额（Gross merchandise volume，GMV）]。三是增加供应链的议价资本，以扩大商家的利润空间。在多数品类或行业中，当店铺流速层级或GMV到达一定水平时，对商家的议价能力有非常大的帮助。

4. 后勤服务

由于无货源模式不涉及仓储和发货模块，所以后勤服务主要的工作是服务于客户售前和售后的咨询与问题处理。不过，有一部分无货源卖家随着自身的发展，会从一开始的纯无货源（由供应链代发商品）模式转型为代理模式（代理模式是指商家从供应商处采购商品并销售的商业模式），并开始逐步搭建复杂的后勤体系。

此外，无货源运营模式的商品管理、流量运营和营销策划与有货源运营模式基本一致。

第三节　直播运营模块介绍

抖音直播是时下流行的一种媒介形式，越来越多的商家和品牌建立了自己的直播团队。抖音直播既包括以知识或娱乐内容主导的内容直播，还包括以商品或服务销售为主的电商直播。一般而言，在抖音电商领域，账号主体青睐于电商直播。

电商直播未必适合每一类商品，也未必适合每一个商家，需要结合自身情况进行考虑。比如，商家的主营商品本身有较大的关键词搜索流量，同时商品或服务在抖音商城本身具有较高的转化率，或者商品或服务在短视频中有较好的引流数据，不参与电商直播的布局并不影响商品或服务的转化。对一般商家来说，电商直播更加适合高复购率、高毛利率、中或低客单价的商品，同时商品或服务具有可视化强、体验感强、互动性高等特点，可以在成交之外赋予直播间更多的流量优势。

如果商家选择布局电商直播，大致有以下4个板块的工作内容。

一　直播间的搭建

直播间的搭建包括认证申请、场景搭建、人员配置与培训、设备调试。

1. 认证申请

认证申请是开通直播的基本要求。在申请开通功能时，平台要求账号进行实名认证，但由于直播规则中对不同的认证主体设置了不同的直播规则，所以认证申请前必须对认证过程有一定的了解。

2. 场景搭建

场景搭建是直播的重要环节。直播场景往往决定了用户对直播间的第一印象，直播场景不仅是筛选精准用户、确定标签的重要因素，同时也是决定直播间曝光点击率的关键因素。尽管每个直播间的主营业务或产品不同，但总体来说，直播间的搭建有一定的规律可循。

3. 人员配置与培训

人员配置与培训是决定直播间运营优劣的核心要素。通常来说，一个标准的直播间需要配备主播、中控、运营和商务四个岗位的工作人员。但对于体量较小或者以服务咨询为主的直播间，可以由主播独立完成，或选择"主播＋中控"的双人配置。除了人员岗位的配置，人员的培训也十分必要，目前抖音平台对电商直播制定了一系列管理规则，若无法遵循直播的相关条例，容易受到来自平台的处罚。同时，一支专业的直播团队不仅能大大提升受众的购物体验，对提高直播间的推送流量也十分关键。

4. 设备调试

设备调试是直播时容易被忽略的环节。对一部分直播间来说，只要有一台智能手机和一盏环形发光二极管（LED）灯便可以开启一场电商直播。诚然，抖音平台有大量电商直播间仅使用了最基本的设备也取得了非常不错的成绩。但随着电商直播的不断发展，用户对直播场景提出更高的要求，这也意味着未来直播间对直播设备的配置与设备调试的门槛会整体提升，需要直播团队对该方面进行优化。

二　运营工作

直播间运营工作主要包括策划、测品、排款、推广和数据分析。

1. 策划

策划是保障直播间开展的基本工作，需要运营人员结合主营业务或商品特点，根据目标受众的偏好与行为特点，制定直播主题、话题、互动等，并指导主播完成直播内容。

2．测品

测品是大多数直播间的必要环节，是指通过测试产品的受众反应和用户接受度，为后续的直播销售提供数据支持和优化建议。测品的方法有很多，包括短视频测品、直播间测品、排款测品和互动测品。其中，短视频测品是通过制作带货短视频，展示产品的特点和卖点，观察用户的互动数据与成交结果，对商品的竞争潜力进行评估；直播间测品是通过在直播过程中，对商品进行展示、试用和讲解，观察用户的反应和购买行为，了解商品的转化率和销售情况；排款测品是通过在直播间同步上架几款同类型SKU，不对其进行讲解，观察用户的自然点击率和转化数据，对商品的竞争潜力进行评估；互动测品是通过主播主动向观众提问，了解观众对商品的需求和关注点，评估商品的潜在市场。

3．排款

排款是直播间的一项重要工作，需要运营人员根据测品数据结果与商品具体情况，确定每件产品的属性，并规划每件产品的出场顺序，合理的排款能够实现流量和利润的最大化。当然，并不是所有的直播间都需要排款，特别是对于一些单品直播间或者部分平播直播间而言。

4．推广

推广工作主要分为两类，一类是自然流运营，另一类是付费投流。自然流运营一般是在基于对平台推流规则十分了解的情况下，通过使直播达到平台推流机制的要求，让平台机制对直播间进行更高的评级判定，从而刺激平台分发更多自然流量，该方法在业内也被称为"拉流量层级"。付费投流是指通过付费买入更多流量，为直播间提升各项数据。以前，付费投流曾被认为是一份具有技术挑战的工作，但随着未来平台投流产品逐渐智能化，其应用越来越简便。付费投流可以直接有效地拉动直播间的各项数据，非常适用于品类小众的垂直商品直播间，不过也有大量电商直播间会在前期利用付费投流，以实现快速动销。

5．数据分析

数据分析是运营工作的重中之重。现代化商业既需要创新与前瞻性的眼光，但也离不开对现状数据的深入分析。在抖音的"创作者服务中心"—"主播中心"界面中，可以查看自己和他人的每场直播数据记录，也可以通过巨量引擎旗下平台查看更加全面的直播数据统计。结合数据反馈，不断对直播间各项工作进行调整，是直播间越做越好的关键。

三 中控与运维工作

"中控"原指中央控制台，如今在抖音平台中，中控一般是指电商直播间中央控制台的操作人员，是直播间工作中的特定岗位，在一些直播团队中，中控与运营助理常画等号。在实际情况中，抖音中控不仅负责抖音中控后台的操作，还可以包括以下内容。

1．准备工作

负责直播前的准备工作，包括了解产品信息、熟悉直播流程、准备直播道具等，也涉及场地布置、灯光音效调试、设备检查等，确保直播顺利进行。

2. 配合主播

配合主播完成在线交流与互动，使用备用账号完成与主播的互动、解答观众问题、处理突发情况，从而把控直播节奏。包括但不限于及时提醒主播节奏流程，同时与观众互动，还需要引导观众关注店铺、购买产品等，并根据观众反馈调整直播内容。

3. 后台操作

负责直播过程中的后台操作，包括商品上下架、价格调整、优惠活动设置等，确保直播销售顺利进行。

4. 监控数据

监控直播销售数据，根据数据分析优化直播策略，提高销售效果。

5. 平台对接

负责与平台对接，处理相关事务，如直播排期、权限管理、技术支持等。

6. 协同合作

协调与其他团队成员的沟通与合作，共同完成直播任务。

四　商务工作

在新媒体领域，优秀的商务能带来更广阔的商业前景，特别是"达人直播间"。达人直播间通常没有开发或较少开发自有产品，主要依靠销售第三方品牌和产品实现盈利，因此商务的作用十分关键。抖音直播间的商务工作通常包括两大类内容。

1. 资源整合

商务人员需要负责与外部供应商或KOL、主播机构、媒体、平台建立良好的合作关系，寻找合作切入点，通过沟通、谈判、开发等工作，拓展更多的商业机会，助力直播间的发展。

2. 商务跟进

商务跟进是商务基础性工作，商务人员需要跟进外部合作的执行、数据总结、合同流程及结算等工作。

第三章
抖音电商内容运营实战

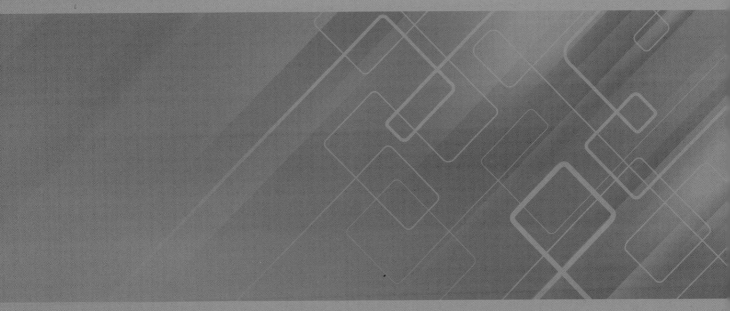

课程名称：抖音电商内容运营实战

课程内容：

1. 抖音电商内容策划

2. 抖音电商内容创作

3. 抖音电商内容制作

4. 抖音内容流量运营

5. 抖音内容变现渠道

课程时间： 40课时

教学目的： 以项目实践推动抖音电商内容运营的各知识点学习，引导学生在实践中学习和掌握抖音电商内容运营中的一般方法。

教学方式： 任务驱动型教学。

教学要求： 要求学生结合自身情况，以小组形式，协作完成具有商业价值的内容策划、创作、制作与运营。

课前准备： 准备好抖音电商内容运营的相关软硬件工具，并成立项目实践团队，熟悉课程制定的班级项目管理办法。

本章将对各项运营实操环节进行详细讲解，主要讲述如何在实践中做好内容策划、内容创作、内容制作、流量运营四部分工作，并介绍内容变现的主要渠道。

第一节　抖音电商内容策划

抖音电商内容策划是为了在抖音平台上成功实现商业变现或品牌建设而进行的一系列定位设计工作。内容策划十分重要，但并不要因此放慢策划的脚步，待完成各项细节策划后方才付诸行动。目前，抖音平台为创作者提供了较大的容错空间，在账号运营前期大胆策划与积极行动是抖音电商内容运营的关键。

一　商业定位

在常规的运营模式中，往往沿用"拉新—促活—留存—转化"的运营工作流程。但需要注意的是，常规的策划流程与实践流程实际是相反的，策划者需要优先考虑的是如何转化，再考虑该转化模式下，用户是否能保持黏性和活跃，待三种方案确立后，方才思考如何吸引拉新。多数抖音内容创作者的最终目的都是实现盈利，若最终变现的目的无法实现，那么其他的意义对创作者而言将不那么重要。这就意味着，创作者在抖音电商内容策划的第一阶段，需要思考内容的商业定位。

当然，在抖音平台运营的早期，不少创作主体优先追求个性化表达，待积累了一定的受众后再思考如何转化的问题。不过，当下的抖音内容生态已发生了巨大的变化。一是平台机制的因素与创作竞争的日益激烈，导致流量来得更快，去得也更快，若没有相应的准备措施，往往会错过商业转化的黄金时机。二是当前用户的心态逐渐变化，多数用户已不再抗拒显性的商业行为，直接传播优质的商业内容也能受到用户与平台的鼓励。所以，提前做好商业定位十分必要。

不过，并非每一个抖音内容创作主体都以电商变现为核心目的，特别是对于一些大型企业或线下及第三方渠道丰富的企业而言，内容的布局运营主要是为了拓展知名度或品牌好感度，商业转化并不是核心诉求，这类主体更加注重传播的声量而非直接变现，在具体定位中会存在一定的差别。

（一）变现方式确立

前面提到，建议账号主体在抖音电商内容策划阶段优先确立商业定位，而在商业定位中，需要重点关注商业变现的方式。当前，抖音平台开拓了多元化的变现渠道，变现方式存在一定的区别，主要按照有产品变现和无产品变现的划分。

有产品变现主要是依靠产品和服务（包括课程、定制服务）的销售变现，无产品变现主要是依靠提升传播声量与搭建账号流量模型，积攒社会资本或构建精准用户触点，直接或间接变现。有产品变现和无产品变现之间不存在横向的优劣对比，但前者更适合有商业资质或技能优势的主体参与，后者更适合初始商业资源较弱的素人群体或巨头资本。值得注意的是，无货源模式也属于有产品变现的一种，切勿混淆。

1. 有产品条件下的变现方式

在有产品的条件下，常规的内容变现方式有以下几种。

（1）内容引流橱窗/抖店或直播间转化。通过短视频/图文内容为账号橱窗/抖店与直播间引流实现成交，这是有产品模式中最常见的内容变现方式，适用于普通创作主体以及自有线上店铺或直播业务的卖家与达人。在抖音短视频/图文生态中，账号可以在内容发布页面中添加店铺或商品链接，用户如果对内容感兴趣，会进一步点开视频左下角的黄色图标，查询账号主体的店铺或商品信息，以实现直接转化。若账号主体还开展了直播业务，当用户观看相关内容时，可以通过点击右侧用户头像（在直播过程中会有"正在直播"的字样提醒），进入直播间成为商家的潜在用户。

作为目前抖音电商主要的方式，内容引流橱窗/抖店或直播间转化的功能可自定义程度非常高，账号主体既可以添加店铺链接，也可以添加商品链接；在添加的商品链接中既可以添加实体商品，也可以添加虚拟商品或服务；既可以添加站内链接，也可以添加站外链接（有一定的条件）。

（2）内容引流线下成交。内容引流线下成交主要依靠在内容发布页面添加店铺的具体定位及信息，也可以在视频中添加一系列团购信息和优惠券等进行线下引流。线下实体型商家经常利用短视频实现线下引流。

（3）内容引流私域变现。在抖音平台，许多定制化商品和服务通过内容引流私域进行变现。通过长期的内容耕耘，账号可以不断将更新内容推送到潜在用户的视野中，有需求的用户会主动私信或在视频评论区进行业务咨询，账号主体可以通过多样化的方法与潜在用户进行沟通，从而实现进一步成交。当然，用户也可以点开账号的主页面，通过添加账号主体在个人昵称、简介、背景图片、头像等展位的联系方式，完成私域引流。这种变现方式常见于房产经济博主、汽车销售博主、程序员、保险业务博主、设计师、装潢工作者或公司、发型师、保洁从业者等私人定制属性较明显的服务或商品提供者。

2. 无产品条件下的变现方式

（1）推广变现。账号可以通过帮助第三方进行推广获得一定的回报收益，推广变现是无产品内容变现的重要收入构成形式。账号主体可以通过在内容上传页面添加各类链接，以及私下与广告主达成各种合作协议，实现既定的推广目标后获取收益。在当下短视频/图文生态中，账号主体可以添加的推广性链接包括商品信息、小程序信息、影视综艺信息、游戏信息、书单信息、购票信息、优惠券信息等。

（2）创作收益。在不同阶段，平台会相应给予创作者一定的创作收益，目前抖音的创作者收益主要向优质视频创作者倾斜。除此之外，部分细分垂直赛道的创作者可以通过加入各类品牌的"官方网红孵化中心"（Multi-Channel Network，MCN）机构，签订创作任务协议获取收益，该方式在游戏内容赛道中十分常见。

（3）线下商务合作。当账号主体有一定流量规模时，线下商务合作机会也将增加，常见的包括活动出席、探店等。

（4）视频赞赏。当前，抖音平台已经开放了视频赞赏功能的内测，在该功能正式上线后，内容创作者还可以直接获取用户对内容的赞赏实现收益。

（5）卖号。当前，抖音账号可以被看作一般的商业资产并进行交易。在行业中，中小体量的账号便具备商业交易的价值，其价值根据已建立的推流模型进行计算。例如，某母婴内容账号，内容可以稳定覆盖1万个家长规模的群体，该账号便具备一定的商业价值，收购方主要看中账号已搭建好的流量模型，方便账号后续内容的精准传播。账号的推流模型包括账号的创作标签、账号覆盖的人群属性、推流规模，三者共同决定了账号的价值。

（二）用户画像确定

在变现方式确立后，商业定位需要进一步思考三个问题，即"受众是谁""受众有哪些兴趣习惯""受众有哪些痛点"，三个问题构成了目标用户画像。无论变现方式如何，内容最终的传播对象都是社会人群。

清晰的用户画像能够让商业定位更加明确。无论内容创作者在入驻抖音平台前是否已开展用户调研工作，都非常建议其根据抖音平台的具体情况再做一次用户调研。虽然抖音平台属于全民级应用，但受制于平台的机制、氛围、商业生态特点等因素，同一位用户可能在抖音采取不同行为，产生不同的需求。所以，结合抖音平台的用户行为特点重新进行用户调研十分必要。

抖音平台的用户调研主要有以下方法。

1. 参考调研

参考调研是抖音画像确定最常见的方式。在开始调研目标粉丝画像前，可以在抖音中寻找与自身变现方式一致，或同行业、同品类的对标账号，也可以在第三方数据平台对目标账号进行观测。假设创作者是主要销售中等价位运动服饰的商家，具体用户调研操作步骤如下（以下操作步骤图来自抖音热点宝PC端）。

第一步，进入抖音热点宝官方网站，使用抖音账号进行账号登录后，在上方工具栏找到"数据观测"，并且点击（图3-1）。

图3-1　热点宝对标用户画像观测操作步骤一

第二步，在二级页面中，找到"账号观测"，并且点击（图3-2）。

图3-2　热点宝对标用户画像观测操作步骤二

第三步，在"账号观测"功能页面找到右侧的"搜索账号"功能，并输入对标账号昵称或抖音号（图3-3）。

图3-3　热点宝对标用户画像观测操作步骤三

第四步，假设"李宁体育旗舰店"是创作者的对标账号，在第三步中，将该对标账号加入观测后，可以直接点击该账号头像，详细查看该账号的"粉丝画像"与"粉丝兴趣"（图3-4）。

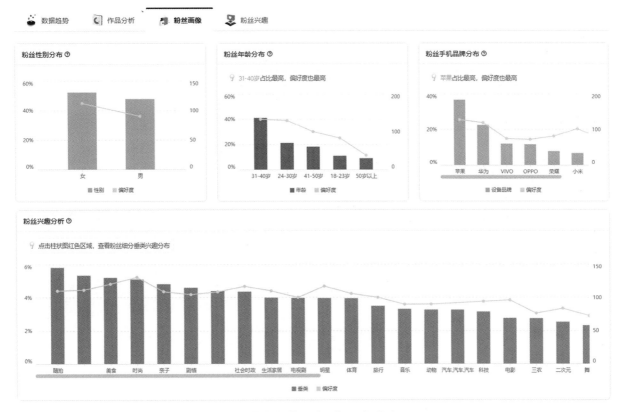

图3-4　热点宝对标用户画像观测操作步骤四

在"粉丝兴趣"中，还可以查看对该账号粉丝的兴趣分析，如对哪些同类型的创作者比较感兴趣，对哪些话题比较感兴趣。此外，通过对现有对标账号的调研，可以为自有账号内容创作提供一定的参考依据。

2. 实证记录分析

如果说参考调研无法满足创作者关于用户画像调研的要求，可以通过实验法寻找更加具体、更加详细的样本并进行分析。同样，以运动服饰商家为例，该方法操作步骤如下。

第一步，可以委托第三方调研公司协助，或通过自有途径，招募若干位运动服饰的热爱者与一般品类消费者，并与其签订调研合作协议，对日常抖音浏览行为进行屏幕录制。

第二步，根据调研对象提交的屏幕录制文件，对用户行为痕迹偏好与关注范围进行详细的数据统计与语义分析。

3. 深度访谈

前两种方式可以在一定程度上对潜在用户群体建立一定的用户属性、用户兴趣偏好的了解，但很难深入了解用户的内容痛点，对此可以进一步结合定性分析获得，其中深度访谈是常见的方式。

深度访谈时首先需要对受众的社会属性进行统计，并采用科学的抽样方法，确保样本具有代表性，随后结合自身需求对受众进行深度的访谈。在访谈过程中，访谈技巧对访谈的效果有决定性影响，需要访问者提前学习相关技巧。

除了深度访谈，在相关论坛、社区以及内容的评论区对用户意见进行收集也是行之有效的办法。

二 内容定位

绝大多数创作者无法获得较好的商业转化效果，主要原因来自错误的内容定位，比如部分以销售标品为主的商家，大量产出制作周期长、投入成本高，甚至重叙事与长铺垫的作品，希望结合产品或品牌制作高质量的兴趣性内容。实际上，大多数受众在看到左下角以品牌商家命名的账号时，便会下意识地将该内容认定为广告形式的视频内容。从信息内容供给的本质来看，用户对商品的信息需求与休闲内容的需求本身就是错位的，所以这类定位往往难以取得良好的效果。

诸如此类的内容定位错误，兴趣电商平台上屡见不鲜，那么如何正确对内容进行定位，是接下来的重要讨论内容。

（一）素人为主体的内容定位

素人群体是从事抖音电商的一大主体，在讨论素人创作者的内容定位前，应先统一"素人"的概念。素人通常指来自普通大众群体，在内容创作前没有一定的社会知名度、行业知名度以及过多财富积累的群体。这一定义决定了对于大多数个人形象并不突出的素人群体来说，无论从事哪个内容赛道，收获持续性的关注是较难实现的。与商家主体不同，素人群体若难以获得稳定的流量曝光，在抖音平台的电商之路非常艰难。

注意力来源于人们的好奇心、欲望、懒惰、多疑和兴趣，这些都可以概括为个体的偏好，而稳定的注意力来源于用户对具体个人的偏爱。所以在探讨账号做何种内容前，需要明确以变现为主的内容定位，其核心逻辑在于利用用户对特定内容的兴趣偏好转化为用户对创作者素人偏爱的过程。

在抖音平台，经常可以看到某位创作者由于某个选题收获了几十万甚至上百万的播放量。然而，这条热门内容却无法拉动同账号下其他内容的各项数据，那么所谓的"上热门"对这个账号未必能够产生实质性的价值。另外，有一部分创作者本身创作的内容良莠不齐，但其大多数的内容数据非常优秀，这类视频通常有一个特点，就是打开其评论区，会发现里面有大量受众在讨论创作者本身，而非讨论选题或产品本身。创作者成为真正稳定的流量来源，这也是素人创作者的理想目标。

综上所述，素人群体在做内容定位时，需要先明确内容创作的主次，那就是要突出创作者本身，而非重视内容本身。

在建立以上共识之后，可以开始进一步了解内容定位的具体实操。

1. 内容类型的确立

制作何种类型的内容是内容定位的关键。在不同的赛道，内容的类型经常有较大的差异。实际上，在抖音巨量引擎旗下的巨量算数平台上，已为创作者提供了创作风向标。

第一步，打开巨量引擎旗下的"巨量算数"平台，在右上角完成账户登录后，点击顶部导航栏中的"创作指南"（图3-5）。

图3-5 巨量算数内容定位操作步骤一

第二步，在导航栏中选择目标赛道，以"摄影摄像"赛道为例，选择"内容创意分析"与"热门关键词"（图3-6）。

图3-6 巨量算数内容定位操作步骤二

第三步，先后尝试点击关键词右侧的热词分析与相关视频，可以看到该关键词与相关视频的详细信息。以点开关键词"拍照"为例，在页面中可以看到该关键词的综合指数（图3-7）。

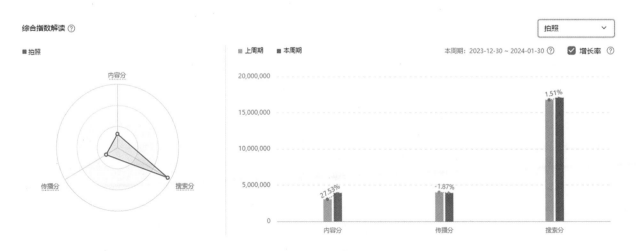

图3-7 巨量算数内容定位操作步骤三

在巨量算数平台中，关键词的综合指数由内容分、传播分和搜索分三者组成。根据官方平台的解释，内容分由关键词及相关内容的文章/视频数量加权得到，用以衡量该关键词在抖音的基础声量；传播分由关键词及相关内容的文章阅读量/视频播放量加权得到，用以衡量该关键词在抖音的传播声量；搜索分由关键词及相关内容的搜索量等数据加权得到，用以衡量该关键词在抖音的搜索情况。

通俗解释，内容分是衡量关键词相关的创作内容的数量指标，内容分越高，与关键词相关的创作数量越多，也意味着竞争更加激烈，可以作为赛道竞争环境的参考。传播分是衡量关键词相关的创作内容的播放量指标，传播分越高，关键词的相关内容总播放量越高，意味着该赛道内容有更多人观看，可以作为赛道体量的参考。搜索分是衡量关键词相关的搜索量指标，搜索分越高，该类内容存在较多搜索需求，可以为内容策划提供参考。

从上述操作中可以观察到，在关于"拍照"关键词的综合指数中，在某个周期内，关键词搜索分处在一个较高的水平，其次是传播分，最后是内容分。那么，在这个周期内，受众存在大量对"拍照"的需求，同时该周期内"拍照"相关的内容创作基数小，适合摄影创作者制作"拍照"类视频。

完成关键词指数查阅后，还需要点开关键词的相关视频，对关键词的热门视频进行查看，根据热门视频，可以总结出周期内观众更偏好哪一类拍照视频。在点开这类视频后可以发现，冬季拍照教程的视频非常受欢迎。所以在该周期内，可以尝试制作冬季拍照教程类型的内容。

第四步，继续点开"关键词指数"右边的"关联分析"，可以进一步为类型内容的选题寻找参考依据。关联分析是分析与目标关键词关联度较高的热词，创作包含两个或两个以上的关联词的内容，往往更加符合潮流趋势（图3-8）。

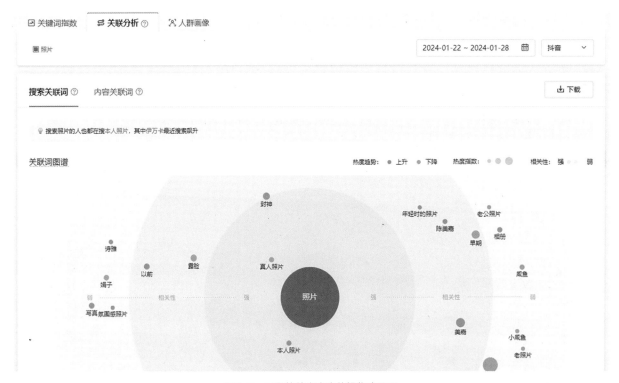

图3-8　巨量算数内容定位操作步骤四

第五步，点开最右侧的"人群画像"模块，将对"拍照"有所偏好的人群，与自身预想的目标人群进行比对分析，若计划目标人群与关键词人群相吻合，可以尝试内容类型的制作（图3-9）。

关键词指数	关联分析	人群画像 ⓘ
照片		2024-01-24 ~ 2024-01-30　抖音

地域分布 ⓘ
省份　城市级别　城市

📍 广东占比最高，西藏偏好度（TGI指数）最高

图3-9　巨量算数内容定位操作步骤五

创作内容的定位可以通过该方法为决策提供参考依据，但要注意的是，并非所有的细分赛道都能够在该平台内找到相关数据，特别是对于一系列过于小众的题材而言。针对小众内容的情况，在兴趣社群中做好定性调研，也是为内容类型创作提供帮助的一项选择。

最后，内容的定位并非毕其功于一役，当下的内容定位往往是长期的、动态的，需要根据数据反馈进行有效的调整。

2．内容呈现的确定

在确定计划创作的内容类型后，还需要进一步细化其呈现方式。在内容呈现中，平台更鼓励创作独具特色的呈现风格。倘若创作者处于内容创作的新手期，关于内容呈现的细节，也有一些通行的方法可供借鉴。

第一步，需要寻找制作目标类型内容的创作者（对标账号），并且同时满足以下要求。

（1）该账号近三个月内，各项流量数据有显著增长。

（2）该账号粉丝体量处于赛道内的"腰部"以下水平。

（3）该账号的粉丝画像与自身目标受众的画像高度一致。

（4）有能力或条件模仿该账号的内容风格。

首先，目前大众处于一个内容高速迭代的信息环境中，在内容风格的借鉴上，时间较远的成功案例未必具备适用价值。其次，处于"腰部"和"头部"的账号，其内容呈现往往有显著的个人特点，对其模仿容易被受众扣上"抄袭"的帽子；同时大体量账号的成功往往还具有一些复杂的因素，如粉丝积累主要源于较早的短视频时代环境，或有资本资源的推动等。这两点应是在寻找对标账号时需要极力避免的。

第二步，对其内容形式与风格进行拆解，至少要拆解其人设类型、主题、脚本结构、拍摄手法。

第三步，在拆解结束后，结合自身条件和情况，至少在第二步的4个要点中完成2个要点的反差，吸收剩余的可借鉴部分，从而建立个人的呈现风格。

如果创作者无独创性的风格创作计划，可以先以上述借鉴和修改的方式完成内容呈现的策划工作。绝大多数的学习都是从模仿开始的，对于大多数素人创作者而言，早期很难形成独特的个人风格或创意，而在模仿的基础上进行创新，不仅能够在早期帮助创作者收获更多的正面反馈，也能够促进创作者在模仿他人的过程中形成更多的自我思考。

3. 对标账号的快速搜索方法

第一步，打开抖音热点宝，选择顶部导航栏中的"榜单聚合"，在"榜单聚合"的推荐热榜中，选择"视频榜"。

第二步，在抖音热点宝中部"垂类"搜索栏中搜索具体内容赛道。

第三步，在"类型"左侧的筛选栏中选择"低粉爆款"，并在下方"时间"筛选栏中选择"近七天"。

第四步，点击爆款视频右侧的创作者账号，通过页面跳转至达人首页面，按照对标账号筛选条件进行仔细筛选（图3-10）。

图3-10 抖音热点宝内容定位操作展示图

4. 定位的测量

在完成上述操作后，若条件允许，可以对定位结果进行简单的测量，测量的目的是更好地了解该定位的商业前景。这项工作可以通过巨量星图平台完成，其详细收集了各内容赛道内主要博主的官方商业数据情况，但想要查询行业信息，需要登录账号有一定的商业资质，素人创作者可以委托有资质的账号协助测量。在测量过程中，主要关注以下四项内容。

第一项内容是需要了解赛道内同定位的头部博主的粉丝规模是多少，有无百万级的博主，有的话其数量有多少，该步骤是为了了解该内容定位的上限如何。第二项内容是需要了解近半年内这些头部博主的流量情况，这一项内容是为了知晓该内容赛道处于上升阶段还是下行阶段。第三项内容是需要了解腰部博主的变现情况，重点了解近半年及近一年起号的腰部博主的收入情况，主要查看腰部博主的平均报价以及每月平均接单量。这一项内容是为了知悉该定位赛道内的一般收入情况，看看该收入是否符合预期。第四项内容是需要了解该内容赛道近半年有没有快速起号的案例，这一项内容是为了确定当下起号的成功概率。

（二）商家为主体的内容定位

如果说素人采用的模式是主要通过粉丝或兴趣受众进行变现的"熟人经济"模式，那么商家采用的模式恰恰相反。对于非知名品牌的绝大多数商家而言，其成交对象都是陌生人，这意味着该类商家不需要过于"用力"维护观众与商家之间的内容黏性。

从实践经验来看，商家努力创作"优质"内容后通常会出现以下情况。

（1）商家创作出严格符合美学标准和文雅风尚的视频内容，往往仅能在广告从业圈传播，而广告从业者体量不大，也未必会因为广告做得好进而转化为商家的客户。

（2）商家创作出能够展现所在行业较高标准的视频内容，而目标消费者却怠于了解专业知识。该类视频常常收获来自同行的认可，但是同行鲜有转化为商家的成交对象。

（3）商家结合热点制作出小范围"出圈"的娱乐化内容。这种情况对于快消类商家而言，可能算是一桩益事，而对于垂类商家而言，账号除了收获"吃瓜群众"的围观，并成功打乱了账号的推流模型，让账号的粉丝画像越来越不精准之外，没有其他益处。

综上可知，绝大多数商家的内容创作不需要拐弯抹角，也不需要设置较高的流量考核标准，这些对商家内容创作来说，往往不具备商业价值。商家的创作真正需要做好以下几点：①坦白地告诉消费者，"我可以解决你的痛点"；②风趣且严谨地植入关于消费者对同类产品普遍存在疑问的解答；③在内容呈现中，融入用户偏好的元素。如果商家有促销计划，还可以直白地告诉消费者现在有折扣。

在确定了创作内容的重心之后，商家可以进一步确定内容的呈现类型与呈现元素。其中，呈现类型一般分为口播、演绎［包括剧情、综艺、视频博客（Vlog）等］、图文、配音四大类；呈现形式包括视频内容中出现的表达特点、镜头设计、内容结构等。

1. 内容呈现类型的方法

第一步，打开巨量算数网站，登录并点击"算数指数"后，在新页面选择"品牌"搜索栏。假设商家属于汽车行列，可以在"品牌"搜索栏中搜索同行业的品牌名称，以搜索"小米汽车"为例（图3-11）。

图3-11　巨量算数商家内容呈现类型操作步骤一

第二步，在新页面中找到"品牌综合指数解读"模块，查看其得分情况。如图3-12所示，圆圈内共有两条得分线条，其中实线代表目标品牌的综合内容得分，虚线代表汽车行业大盘的平均得分。

商家可以在所有行业内竞争对手中，找到超过行业大盘均值最多的品牌，并以其内容类型为参考依据。

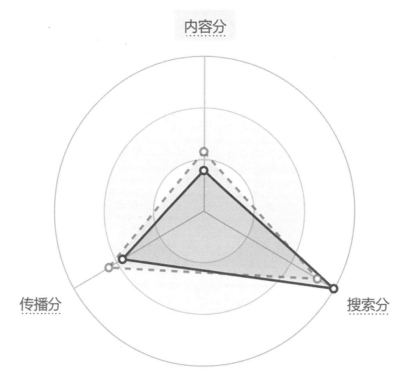

图3-12　巨量算数商家内容呈现类型操作步骤二

2. 内容呈现形式的确定

商家在内容呈现策划中，应避免出现明显的借鉴或抄袭痕迹，尽量制定出具有特色的内容呈现风格，对企业规模较大的商家来说更应如此。

通常来说，商家的内容呈现细节应参照企业形象识别系统（Corporate identity system，CIS），将CIS高度融入呈现风格中，尤其应该遵守视觉识别系统（Visual identity system，VIS）的主视觉风格、标准色、标准字等。受众在刷到一条视频的时候，除了人物或产品外，颜色等视觉元素便是较重要的视觉落点，优秀的视觉元素能够帮助受众快速构建对商家或品牌的印象与认知。另外，在内容呈现中，商家需要尽快找到极具平台风格或互联网潮流的关联锚点，并将该锚点植入内容呈现中，以更好地适应平台或互联网环境。

对一部分中小商家而言，如仅考虑产品促销类型的短视频制作，而不侧重于商家品牌的形象建设，可以采用其他方式与方法确定内容的呈现形式，具体如下。

（1）根据抖音商城标题确定内容呈现形式。在抖音商城中，搜索排行靠前的产品主要受到商品标题权重、店铺体验分和商品链接权重的影响。高店铺体验分且商品链接权重较高的商家，通常会额外注意商品标题的设计。优秀的商品标题离不开对用户高搜索需求的关键词进行汇总，高权重标题也可以理解为抖音生态内用户对某一产品或服务需求的精简投射。

对中小型商家产品短视频制作而言，其核心是围绕用户需求进行短视频设计，而采用标题配对法，可以快速帮助策划人员确定内容呈现形式。例如，在抖音商城搜索"椰子水"关键词后，通过整理销售靠前的商品标题，可以梳理出"0添加""100%纯椰子水"等关键词，商家可以围绕这些关键词，结合产品特点进行扩写，并搭配相关画面，由此一条电商短视频主要形式就被勾勒出来。

（2）根据"巨量百应热榜"确定呈现形式。除了可以根据抖音商城标题来确定内容呈现形式，还可以在巨量百应中对同类商品的拍摄风格和拍摄创意进行借鉴和参考。该方式需要创作者登录巨量百应官方网站，在登录后选择顶部导航栏中的"创作"，并在新页面中选中页面左侧目录中的"创意获取"—"爆款视频"，并随后勾选好对应的品类、作者等级（不要太高，也尽量不能过低）及时间范围，并参考页面筛选出的热门电商视频进行分析与借鉴（图3-13）。

图3-13　巨量百应—热榜搜索操作步骤

三　人设定位

在内容定位策划中，"个人IP"或"品牌IP"是最流行的两种说法。在兴趣电商领域中，IP指个人或品牌拥有的，在特定领域内被人们广泛认知和接受的符号和形象。通俗来说，当人们提到某个领域时，能迅速与某个形象进行联想，这个具备垂直关联性的形象便是IP。

与某个领域建立优先联系能够给IP本身带来不可估量的价值。然而，打造一款个人IP或品牌IP十分不易，这需要策划者既能在众多需求中找到适合自身的差异化特点，同时也需要不断地输出与投入资源来巩固IP形象。

对于绝大多数商家与素人而言，可以先尝试完成品牌人格化与个人人设定位，再进一步拓展到IP打造。

（一）素人人设定位

在如今的网络生态中，人们没有太多时间去了解一个生动真实的人物，常需要通过互联网上片面化、扁平化的人物设定了解。所以，对于素人人设定位而言，素人需要通过多种途径树立一个鲜明且片面化的人物性格。在人设打造的初期，切忌追随影视创作的脚步，去打造一个复杂且立体的形象。这是因为，抖音本质上还是一款快餐化的休闲娱乐软件，片面且直接的形象更能被人牢记。同时，在人设确立后，素人还需要像厂家给商品打广告一样，将数据最好的内容形式进行巩固，更换元素进行拍摄制作，不断强化受众的认知记忆。

1. 构建人设的基本要素

构建具体的人设可以从三个部分进行，即人物形象、人物类型和人物符号。

（1）在人物形象中，需要思考以下问题：①人物的身份是什么？②人物有什么道具？③人物有怎样的立场或态度？④人物出现于怎样的场景？⑤用什么样的视角来记录人物？

（2）在人物类型中，通常需要具备以下类型中的至少一项：①教导型；②分享型；③搞笑型；④陪伴型；⑤才艺型。

（3）人物符号是构建人物的记忆点工具，对快速鲜明的人物形象有非常关键的作用，包括视觉符号、动作符号、画面符号与语言符号。视觉符号包括人物的服饰、发型、妆容，是人物的基本记忆点；动作符号是指人物的招牌动作，招牌动作不宜过多，也不宜过少，一般1~2个即可；画面符号是指特定的呈现画面中的标志化的剪辑风格、调色风格、场景风格等；语言符号是指人物的语言习惯、音调、口头禅等。

在实践策划中，人物形象、人物类型和人物符号三者相得益彰，尽量不要有缺少的部分。同时，人物形象、人物类型、人物符号之间，应至少存在一对反差对应设置，比如人物形象与人物符号的反差。通过分析上百个能够快速起号的人设发现，该类账号均具有完善的人物形象、人物类型、人物符号的特点。所以，在打造人设前请务必对以上内容进行仔细雕琢。

2. 构建人设的原则

仅仅知晓人设的构建要素并不意味着能够搭建出优秀的人物形象，人设的构建还需要适配不同的情况或条件，遵循不同的构建原则。

（1）如创作者自带话题度标签，可以尝试记录真实的自己。话题度标签是指大众仅通过一些关键词，便能够产生阅读或观看欲望的标签，如"徒步环球旅行"等。

（2）如创作者自身缺乏特点，则需要对已有的性格特点进行放大。建议在个人已有的性格基础上，进行适当的夸张化表演，对个人性格特点进行放大。从反馈来看，创作者需要一定的演绎包装。对自我的夸张化表演并没有想象中那么简单，由于人们有时对自身存在错误的判断，在网络中倾向表现出的形象有时与真实自我存在一定的偏差，而长期的偏差化表演难免会给自身增添大量负担。所以，创作者首先要正确认识自我，对此，可以参照以下方法建立人设形象：第一，可以梳理日常中亲朋好友给自己取的外号，筛选出频率最高的外号，并继续展现该外号的特点。第二，根据性格测试结果，将结果进行放大，如测试者为"I"型人格（具体表现为内敛和内向的特征），那么测试者可以从"社恐"的角度入手进行演绎。

（3）如创作者本身具有非常强烈的表演能力与分享欲望，且具有优秀的镜头表现力与分享欲，则可以在对标账号人设的基础上，进行一定的个人化调整，确保人物形象、人物类型、人物符号中均有一项以上要素与对标账号人设特点相矛盾。当然，创作者也可以根据个人喜好，进行原创人设的设计与策划。

3. 人设与变现的关系

不同的人设之间存在不同的变现逻辑、变现场景、变现对象。

（1）人设与变现逻辑。在常规认知中，人设类型与变现商品和服务通常具有趋同性。例如，一位高学历的博主可以比较顺利地完成一场商业推书活动，因为人们可能更愿意为博主的学历背书买单。诚然，在硬广中，这类意见领袖的逻辑往往是成立的，创作者们都深谙此道。但是在更为隐蔽的软广变现中，有时合理利用一些反向逻辑，效果往往会更好。比如，张三平时是一位非常节俭的普通上班族，但某日他在视频中向观众分享了一款非常昂贵的产品，并详细介绍了该产品的优点。不少观众倾向于认为平日如此节俭的博主，竟会斥重金购买一款昂贵的产品，想必这款产品物超所值。创作者在软广中推广与自身人设存在矛盾对立的产品效果可能会更好，不过该过程需要拿捏好方式和方法。

（2）人设与变现场景。不同的人设会对应不同的变现场景，这是因为受众会对每一位创作者进行下意识归类，并根据归类将创作者分配至不同的使用场景。

在7:00—9:00时段中，由于人们大脑并未完全活跃，通常不愿意面对复杂和过度娱乐化的内容，同时还希望获取一些新鲜信息为新的一天做"充电"准备。所以该场景下，大部分受众倾向于关注沉稳靠谱的信息分享人设、阳光安静的励志人设。反过来，该类人设也需要在这类场景中进行变现。

在12:00—14:00时段中，人们通常在午餐与休息，由于还需要处理下午的工作与学习安排，无法获得全部的放松，所以受众倾向于关注没有情绪负担的轻娱乐类型的人设和产品。

在18:00—21:00时段中，人们通常结束了一天的工作或学习，能够提供放松解压的人设，或具有高度娱乐化属性的人设和产品较受欢迎。

在21:00—23:00时段中，受众即将进入睡眠，可以让人静下心来欣赏各类才艺、知识，以及能够提供情绪价值的人设和商品较容易被接纳。

当然上述场景仅作为经验性参考，并不完全适用于所有商家或素人。如需要更准确研究人设与场景的规律，创作者可以代入个人用户的视角，观察自身与周边人群在不同时段、不同场景下对人设的"消费"规律，也可以打开抖音平台"创作者服务中心"，进入"数据中心"的"热门在线时段"模块，仔细分析热门在线时段模块中的各项数据，把握受众使用抖音的主要时间规律，推测用户的消费场景规律。

（3）人设与变现对象。在实践观察中发现，不同的人设往往对应了不同的变现对象。例如，严谨认真的人设往往对应较成熟的群体，潮流风趣的人设往往对应年轻群体，励志型人设往往对应正处于奋斗中的群体，等等。

由于人设的数量和类型过于复杂，无法一一进行总结归纳，需要创作者在人设策划中将人设与变现对象的对应关系加入调研考察工作，确保定位工作更加精准。

（二）商家品牌人格化

品牌人格化是指将品牌赋予拟人化的性格、情感、价值观等特质，使品牌更加人性化和个性化，从而与消费者建立更加紧密的情感联系。商家非常有必要为产品和服务赋予进行化，因为大多数消费者不会通过冰冷的品牌符号对商家建立认知，若没有进一步的认知，用户对品牌的黏性或忠诚度便无法提高，这就需要商家建立人格化定位，主动引导实现。

1. 品牌人格化定位

品牌人格化建设首先需要明确人格定位，如果商家暂时缺少清晰的品牌化人格设想，可以参考以下办法逐步建立。

（1）对标法。对标法是指通过参考商家用户高黏性或高忠诚度的品牌，对标该品牌人格形象的方法。例如，某商家的大部分用户，同时也是小米品牌的用户，那该品牌可以基于小米品牌传递的"进取""实在"的"人格底色"，结合自身特点进行人格化建设。这个方法利用了大众偏好的稳定性特点。

（2）同一法。同一法是指打造一个与商家消费者画像一致的人格形象。心理学实证研究发现，人们更倾向于喜欢与自己相似的人，并为其提供帮助，关于这种现象，心理学将其解释为"相似效应"。所以商家也可以选择打造一个与产品或品牌用户画像一致的人格形象。

2. 品牌人格化执行

在抖音平台中，品牌人格化的树立主要通过出镜人员展现。在当下信息碎片化的时代，消费者没有太多精力去区别出镜人员与品牌商家的实际联系，所以规范与筛选内容中主要出镜人的行为是最为直接的手段。在主要出镜人的规范与筛选中，需要注意以下几项内容：

（1）出镜人员的外貌与品牌人格定位相一致。

（2）出镜人员使用的道具符合品牌人格定位。

（3）出镜人员的立场或态度与品牌人格定位相一致。

（4）出镜人员的个性与品牌人格定位相吻合。

第二节　抖音电商内容创作

内容创作是处于内容策划完成后，内容制作前的中间阶段。内容创作在一定程度上考验着创作者的天赋，但大多数创作者可以通过反复训练与经验积累持续创作出优质作品。

一、素材库搭建

在内容创作前，创作者需要有意识地开始搭建自身的素材库。大多数从事创作行业的工作者都会搭建个人或团队素材库，比如，广告公司的设计师会根据专长方向搭建设计类素材库，程序员会在工作中搭建代码库。由于行业不同、创作方向不同，素材库没有统一的标准和规范，但毋庸置疑的是，素材库的搭建可以大大提升创作者们的工作效率,也是个人或团队的经验宝库。在可视化时代,抖音内容创作者们的素材库主要可以归为五类(图3-14)。

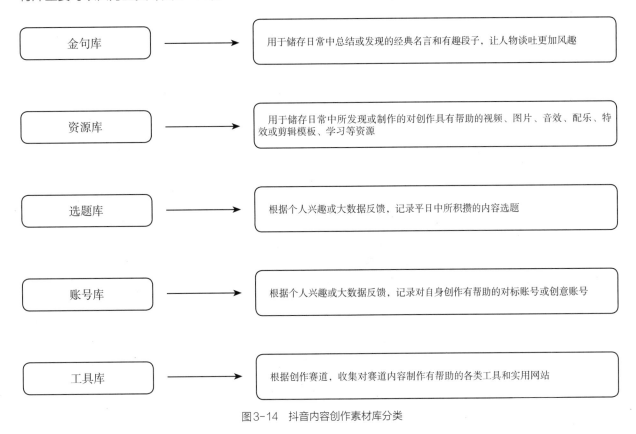

图3-14 抖音内容创作素材库分类

（图中文字）

金句库 → 用于储存日常中总结或发现的经典名言和有趣段子,让人物谈吐更加风趣

资源库 → 用于储存日常中所发现或制作的对创作具有帮助的视频、图片、音效、配乐、特效或剪辑模板、学习等资源

选题库 → 根据个人兴趣或大数据反馈,记录平日中所积攒的内容选题

账号库 → 根据个人兴趣或大数据反馈,记录对自身创作有帮助的对标账号或创意账号

工具库 → 根据创作赛道,收集对赛道内容制作有帮助的各类工具和实用网站

二、分镜脚本

在短视频时代,有时很多随手一拍的作品就能获得足够的流量,分镜脚本写作似乎显得没那么重要。但对于抖音电商来说,罕有"随拍即火"的商业短视频,大多数的视频内容都讲究一定的分镜设计。分镜脚本对电商类内容创作的帮助主要有以下几个方面。

1. 优化筹备工作

电商类视频的创作经常涉及团队合作或与外部第三方的配合,同时还需要考虑物料的使用次数、拍摄场地与拍摄时间的限制等,所以需要创作者在内容创作初期对创作任务进行仔细斟酌,尽可能考虑到每一个分镜的执行可行性,确保拍摄过程顺利。

2. 提升协作效率

脚本是创作者传递灵感的中介物,缺少具象化的中介,创意灵感将无法较好地传达。在需要多人协同工作的内容创作场景下,规范的脚本能够极大地提升团队的工作效率。

3. 保障内容质量

创作时脑海中想象的内容往往并不完整,在创作中建议将脑海中的想法与画面用各类方式记录下来,可以帮助创作者反复检查与思考,确保最终的内容呈现处于一个较为良好的水平。

当前主流的分镜脚本主要有两类，一类是仿照漫画形式的可视化脚本，另一类是以文字为主的表格型脚本。可视化脚本常见的有手绘线稿与更加精致的故事板。创作者可以打开一些广告创意网站，并在搜索框中搜索分镜脚本，进一步了解分镜脚本的绘制形式。如果创作者认为上述分镜脚本的制作需要一定的美术功底，存在客观的制作难度，可以利用生成式人工智能（Artificial intelligence generated content，AIGC）工具完成基础的脚本制作。图3-15便是利用"文心一言"工具所绘制的分镜脚本样例。

帮我绘制一个景别为远景，青年男子离开茶店的分镜图	帮我绘制一个景别为特写，青年男子正在摸茶叶的分镜图	帮我绘制一个景别为中景，青年男子喝茶的分镜图

图3-15　AI工具所绘制的分镜图片样例
图片来源：AI来自文心一言。

在人工智能（AI）工具完成图片绘制后，创作者只需要将所生成的图片进行排列整理，便可以在一定程度上实现镜头说明的效果（图3-16）。需要注意的是，目前现有的AI工具无法完成非常精准的图片绘制，同时连续性较差。在实际应用中，AI绘制往往仅起到辅助说明的作用，如果对分镜细节有非常高的要求，还是需要依靠专业人士进行定制作画。

图3-16　AI工具所绘制的分镜图片组合
图片来源：AI来自文心一言。

表格型分镜脚本主要依靠文字对分镜头进行说明描述，相比于可视化的分镜脚本，表格型脚本拥有更多的工作分区，能够展示拍摄与制作中丰富的细节要求。通常，短视频的表格型分镜脚本至少要包括景别、拍摄角度、运镜、构图、画面内容（画面说明）、时长几个部分。当然如果有更加详细的需求可以参考表3-1。

表3-1 短视频通用分镜脚本

镜号	景别	拍摄角度	运镜	构图	画面内容	剪辑	对话	时长	音效	配乐	备注

　　在脚本写作中，要格外注意脚本用词的规范化。表格中的景别、运镜和剪辑、备注等内容均有行业内约定的标准术语，尽量不要自创一些词汇，在制作分镜脚本前，可以先进行一定的视听语言知识学习。同时，表格中的各项文字尽量简洁，删减掉不必要的修饰词（特别在画面内容描述的部分）。此外，还可以利用上述所提到的AI工具，将AI生成的分镜画面增加至画面描述中，以作说明辅助，如表3-2所示。

表3-2 镜头示例图分镜脚本表

镜号	景别	拍摄角度	运镜	构图	镜头示例	画面内容	剪辑	对话	时长	音效	配乐	备注
1	特写	俯拍	固定镜头	中心构图		青年男子低头品闻茶叶的香气	动作顺切	无	2秒	鼻吸声	无	无

　　当然，在参与商单类脚本创作时，还可以参考抖音官方所提供的脚本模板，该脚本的要素排列更符合广告的需求（表3-3）。

表3-3 抖音官方所提供的商业广告脚本模板

＊＊品牌抖音脚本			
达人账号		发布时间	
拍摄场景		总时长	
拍摄主题			
达人风格			
植入产品			
1. 选题必须是粉丝喜欢的或者能激发用户互动的，可以从热点内容或讨论度高的内容去选题。 2. 达人的视频风格、内容风格必须是达人最擅长的。 3. 视频前五秒必须要有吸引用户眼球的亮点或悬念，植入广告前的视频内容需要有内容反转、强烈对比或干货。 4. 广告植入部分衔接需要自然而不生硬，并且核心信息点需要展示完整。 5. 具体广告植入要求详见Brief。			

续表

镜号	景别	场景	服装	表情	画面内容	对白	字幕	备注

进行脚本创作时，除了在格式上尽量规范，在分镜中还需额外注意两点。一是分镜脚本中要清晰地处理好人物关系，人物关系是大多数视频中的核心部分，分镜脚本应该围绕凸显人物之间的不同关系而服务。二是短视频分镜一定要尽可能缩减镜头的时长，以增加信息密度，有时甚至可以出现一秒多个镜头。

三　呈现形式

抖音平台目前的内容呈现形式主要包括口播、视频配音、演绎和图文四类，四类呈现形式均有各自的优势，也有不同的注意事项。

1. 口播

口播是抖音平台中素人创作者尝试最多的呈现形式，拥有简单、直接、高效的创作特点，非常适合内容消费速度快，且更新和迭代快的短视频平台。口播的全称为口头播报，常见于信息分享与知识传递性内容，适合财经、新闻、情感、咨询、美食、科技等领域创作，但口播呈现形式也有较明显的缺点，具体如下。

（1）对信息密度要求较高。由于口播的镜头形式相对单一，难以提供其他视觉刺激，这便需要更高的信息密度，确保观看者能够持续观看，通常内容要求至少每5~8秒提供一次信息刺激。

（2）对内容的话题性要求较高。口播的完播率主要依赖于口播内容的话题，一般而言，与热点相关的话题、与消费者切身利益相关的话题、涉及知名人物或知名事件的话题、故事性强的话题较受欢迎。

（3）同质化严重。大多数专职型口播创作者在创作前期受制于时效、精力、资源，信息获取的渠道十分有限，大多来自互联网，这导致内容存在高度同质化的情况。更重要的是，基于网络资源的二次创作有可能涉嫌侵权，或者由于忽略对信源权威性的鉴别，可能传播错误的信息。

2. 视频配音

视频配音是一种人声与画面素材组合而成的内容形式，常见于文艺作品讲解、游戏讲解、知识科普、社论、幼儿故事等。视频配音可以由真实的人声参与配音，也可以由AI完成。AI配音大大提升了配音型内容创作的效率，随着AI配音的普及，受众对AI配音的接受度不断提高。如果创作者本身的音色缺少足够多的辨识度，或无法掌握配音的相关技巧，建议使用AI配音。

可能许多人会认为，拥有悦耳的声线和标准的普通话才能胜任配音工作，实际上，在抖音平台的博主中，从来不缺乏流利的普通话和悦耳的嗓音条件，高辨识度的发音与吐字才是视频配音的核心竞争力。独特的音色与口头禅不仅能够强化观众对博主的记忆，同时也能够让内容更加风趣。

相对于真实的人声配音，AI配音容易失去生动感。AI配音虽然无法为账号带来更高的辨识度，但在优质文案的补充下，AI配音也能完成出色的内容输出。如果选择AI配音，可以参考使用剪映、魔音工坊、腾讯智影等软件。

3. 演绎

演绎类视频的创作工作量往往较大，对演出者的表演水平、后期工作者的剪辑水平、后勤工作的道具制作水平都提出了一定要求，但创作者的收益潜力也是最大的。除了成本与收益的考量外，演绎呈现形式也有明显的优缺点，但优缺点均处于相互对应关系，具体如下。

（1）商业上限非常高，下限非常低。从商业变现情况来看，演绎呈现形式的创作者处于明显两极分化的情况，即头部创作者的商业价值非常高，腰部以下的创作者变现十分困难。当创作者本身不具备优秀的创作水平与演绎水平时，应尽量结合垂类领域进行演绎，并且控制娱乐化程度，避免受众过泛。

（2）创意能带来巨大的流量，但容易被他人模仿。演绎通常需要结合一定的创意，一般来说，创意是演绎的核心竞争力，一个好的创意能赋予演绎更高的数据流量，同时平台也鼓励与保护原创。但是，抖音是全民创作平台，每个人都有参与表演的机会，所以原创者不一定能成为最大的受益者。

（3）直观幽默或晦涩难懂。演绎形式往往具有直观幽默的呈现优点，可以在清晰地表达观点、传递信息的同时，融入娱乐性元素。但这个优势需要基于表演者本身具有一定的表演技巧，如果表演者本身不具备表演技巧，那么内核优秀的内容就难以准确地传达出来。

4. 图文

图文是抖音近年来极力推广的一种呈现形式，相对于口播、视频配音和演绎，图文的观赏效率最高，合理的内容排版能够引导用户一眼抓住关键内容。但图文的缺点也十分明显——图片能够提供的观赏体验较差，不易形成沉浸感，难以拉近创作者与受众的关系，同时图文所能够记录的信息也较少，表现形式过于单一。在变现方面，图文非常适合有视觉冲击力或功能效果明显的产品，比如美食、服装、母婴产品等。

值得强调的是，自图文功能推出以来，抖音平台官方对图文的推广力度一直都较大。经过实测，对于一般创作者而言，图文的曝光率远大于普通视频的曝光率，同时根据飞瓜数据发布的《2022上半年短视频直播与电商生态报告》显示，抖音图文内容的收藏率是视频的1.47倍，图文内容的互动率是视频的1.32倍，图文内容非常适合部分电商赛道。

四　创作工具

随着智能化工具的不断发展，市面中的一些工具可以极大地提升达人或商家在创作中的效率，以下是一些有利于内容创作的优秀工具与平台。

1. 文案工具

对于大多数赛道而言，文案水平对内容质量的影响极大，但想要创作出优秀的文案不仅需要一定的文字基础，还需要具备信息的整理能力与灵感。下面几款文案工具能够在不同方面为创作者的文案创作提供帮助。

（1）豆包。豆包是由字节跳动开发的AI工具。在文案方面，创作者可以与豆包进行对话问答，豆包生成的文案可以迅速帮创作者梳理内容框架，把握住内容的要点和方向，创作者可直接在此基础上根据具体创作要求进行二次修改。除了文案功能，豆包还能为创作者制作图片、英语与音乐，以及为深度学习提供帮助。

（2）Effidit。Effidit智能创作助手是由腾讯AI Lab（腾讯人工智能实验室）开发的AI创作工具，主要提供文案的"智能纠错""文本补全""篇章生成""文本润色"功能。其中，"文本润色"是该工具的特色功能，能够在一定程度上帮助创作者优化方案内容，但该功能并不稳定。

（3）天工AI。天工AI是昆仑万维科技股份有限公司基于大语言模型所研发的一款人工智能产品。天工AI相对于其他产品，最大的特点在于营销文案的创作，其为用户提供了大量营销场景的文案创作功能，能够为达人与商家在创作商业化内容时提供一定的内容参考。

2. 制作类工具

目前市面上服务短视频的制作类工具非常多，这里推荐一款名为"简视频"的一站式内容创作导航平台，这个平台整理了创作者在内容创作与制作的各个环节中可能会涉及的制作工具与素材资源，能够为创作提供灵感，方便内容的整体制作。

3. 剧本创作工具

对于一系列依赖剧本进行拍摄的创作者而言，经常容易陷入灵感枯竭的困境。这里推荐"抖几句"平台，创作者可以在该平台查看海量剧本，为创作提供灵感与参考。当然，创作者可以在该平台分享与创作原创剧本从而赚取一定的收益，同时还可以选择"众包服务"，向平台的其他创作者征集原创的定制剧本。

第三节　抖音电商内容制作

抖音电商内容制作主要分为前期拍摄与后期剪辑两个部分，关于以上两个部分的讲解，将会结合实际经验主要介绍内容制作的前后期所涉及的技巧和工具。

一　前期拍摄

前期拍摄是内容制作的重要阶段。现在，便利的后期软件虽然可以在一定程度上弥补前期拍摄的瑕疵和失误，但这并不意味着拍摄者可以随意地拍摄电商类视频内容，仍有一些基础知识和工具需要掌握。

（一）设备选择

随着移动终端的高速发展，如今创作者仅需要一部手机便可以完成大多数题材的创作。除了少数内容赛道（如美妆、数码、汽车等），大多数内容创作并不过分依赖拍摄设备，所以一般情况下并不鼓励创作新人在拍摄前购置或使用大量昂贵的设备。这是因为视频画面的呈现质量通常与用户的期待值呈正相关，简单而言，当用户感受到创作者设备专业、画面考究时，便会提高对创作者内容或商品的期待感。从实践经验来看，过分拉高用户的期待值对于商业内容的推广有时是不利的。纵观整个抖音平台，即使是头部知名博主，在发布的内容中也不会过分追求画面的高级感。

综上所述，除了一些对画面有着一定要求的赛道和领域，多数内容仍以简单的设施、设备为主制作。当然，简单也并非意味着随意，在选择各类设备时，存在一些需要注意的事项。

1. 拍摄设备的选择事项

（1）不要陷入参数陷阱。多数新手无论是在购买手机还是相机时，会注意设备的各类参数，并且通常认为参数越高拍摄效果越好，如认为1亿像素的效果比4000万像素的效果好，100倍数码变焦的效果比10倍光学变焦的效果好。而实际上，设备的各类纸面参数并不完全代表综合成像表现。例如，1亿像素的手机镜头所拍摄出来的画面质量，未必能超过1200万像素手机镜头所拍摄的画面质量，这是因为在手机成像系统中，画面素质的决定主要是由CMOS传感器、ISP芯片和图像AI算法三者相互协作所决定的。为了避免过于专业的内容占据大量篇幅，建议创作者在有条件的情况下，可以用选择范围内的设备分别拍摄不同的画面，最终在配备广色域显示器的PC端与MAC端进行详细比对再决定。

（2）不要混淆摄影和摄像。摄影通常是指照片的拍摄，而摄像是指视频的录制。在实践中，经常会出现这样的情况：设备A拍摄的图片优于设备B拍摄的图片，而在视频领域，反而设备B拥有更好的表现。

（3）平台的优化。抖音平台会筛选目前市面上主流移动拍摄设备所录制的内容进行优化上传。例如，抖音平台对iOS设备的上行视频应用了超分优化，超分优化是指影像的超分技术，即通过图像处理算法，将低分辨率的图像转化为高分辨率的技术，从而提高图像的质量，如iOS的视频源分辨率为720p，超分技术处理后分辨率可提升到1440p的体验效果。目前暂无法知晓抖音平台具体对哪些移动拍摄设备型号进行了优化，建议创作者优先选择市面保有量多的机型。

2. 防抖设备的选择事项

除了口播类型的内容创作，大量其他类型的创作都涉及镜头的运动拍摄，若想要确保受众在观赏过程中有更加舒适的体验，外部防抖设备非常重要。目前市面中的外部防抖设备主要包括以下几类。

（1）支架。支架型的防抖设备包括传统的立体脚架和自拍杆，立体脚架主要方便机位的固定，减少手持设备时所带来的拍摄震动。自拍杆（图3-17）则更适合自带防抖功能的手机与相机，能在手持拍摄场景中起到一定的增稳效果。其优点在于价格便宜，不过整体效果不如云台设备。

（2）兔笼。兔笼是一种另类的设备支架（图3-18），相较于自拍杆，能挂载更多的第三方设备，如补光灯、麦克风等，同时双手持类型的兔笼，能够在推、拉、摇、移、跟、升、降的运镜过程中更加平滑，但整体防抖效果依然不如云台设备。

（3）多轴防抖云台。在现有的大众级防抖解决方案中，云台毫无疑问属于最优选择（图3-19）。多轴防抖云台通过在多个轴向上对拍摄设备进行位移补偿，以抵消拍摄时由于手抖等原因引起的图像抖动，从而实现画面的稳定拍摄效果，目前在手机云台中，三轴防抖云台是最主流的选择。但多轴物理防抖型云台价格较贵，通常手机云台价格在数百元左右，相机云台则高达上千元。

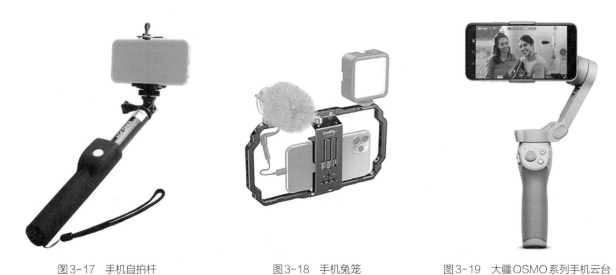

图3-17　手机自拍杆　　　　　图3-18　手机兔笼　　　　　图3-19　大疆OSMO系列手机云台

（4）防抖相机。如果创作者追求更加高效的防抖方案，也可以直接购买专业的防抖相机，如大疆所推出的灵眸口袋相机、Action系列运动相机等，这类产品通常携带方便，防抖效果佳。同时，如果有全景需求，也可以考虑Insta360等厂家推出的全景运动相机系列（图3-20）。

图3-20　各类防抖型拍摄设备

3. 补光设备的选择事项

补光设备并不是必须项。如果拍摄场景中有充足的自然光源，建议优先利用好自然光源，自然光源能够赋予画面更多的随性与真实感。但天气风云变化，自然光源的供给极其不稳定，所以多数创作者会配置人工光源进行补充，在一些场景中，灯光的重要性远高过拍摄设备，人工补光可以减少由于拍摄设备进光量不足而强行损失画质、增加曝光的负担。同时，恰当的布光方案相比自然光源，更能够塑造整个画面当中的光影层次感，对皮肤、物料质感的画面表现也非常有帮助。

若在短视频创作中存在补光需求，在选购补光设备时有以下注意事项。

（1）功率够用即可。在多数自媒体内容创作中，对影视灯具的功率需求并不高，自媒体创作中并不过分追求大功率的光影设备，功率够用即可。这是因为功率越大，灯光输出设备的体积也就越大，同时还增加了电量供给的负担，这不符合短视频时代对创作"短、平、快"的要求。如果拍摄设备与光源距离处在几乎相同的位置，结合现实常用的拍摄场景，以下几类参数可以进行参考：一般手持自拍的距离，3～5瓦的光源可以满足照亮人脸的需求；在一般桌面上进行拍摄，30瓦的光源可以充分照亮人脸；在20～30平方米的房间中进行录制，100瓦的主灯能够满足绝大多数情况下的拍摄需求。

（2）选常亮灯。很多新手会混淆补光灯类别中的常亮灯和闪光灯，在购买灯具时，一定要确定选购的灯具为常亮灯。由于很多补光灯具的外观高度相似，同时大功率的补光灯一般是搭配柔光箱进行展示的。在搭配柔光箱的情况下，很多新人无法分辨该补光灯属于常亮灯还是闪光灯，经常出现购置错误的情况。

（3）选择适合的款式。目前，主流的常亮型补光灯有口袋型补光灯、平板型补光灯、环形LED补光灯以及专业补光灯等。

口袋补光灯功率通常为3～8瓦，适合手持自拍给人脸进行补光，或者也可以为一些近景或特写进行光线补充，如美食、书法等拍摄画面。口袋补光灯最大的优势在于其便携程度较高，外观通常为小长方体或正方体，可以轻松放入口袋。

平板型补光灯是最常见的一种便携补光灯（图3-21），其功率通常为10～40瓦，相较于口袋补光灯，平板灯的发光面积与功率都有所提升，这能够使它适应更多拍摄场景，配备多块平板灯与备用电源，能够应付大量户外无电源环境下的记录与拍摄。

环形LED补光灯（图3-22）是非常适合拍摄人像的补光设备，许多真人出镜的口播类视频都采用的是环形LED补光灯，其环状的造型设计能够提供均匀、柔和的光线，使拍摄画面更加自然、柔和，减少了画面阴影和反光。

专业补光灯（图3-23）通常是指功率较大，显色指标［显色指数（CRI）、光谱相似指数（SSI）、电视照明一致性指数（TLCI）］达到专业级标准，灯光调节功能丰富且拥有生态卡口系统的专业影视灯具。

图3-21　便携类补光灯具款式　　　　图3-22　环形LED补光灯具　　　图3-23　专业补光灯具款式
　　　　　　　　　　　　　　　　　　　　　　　　款式

专业补光灯是数码频道、汽车频道、摄影摄像频道、时尚频道、舞蹈频道等创作者的优先选择，通过专业补光灯，能够实现更多风格化的创作。

（二）软件选择

对于"手机党"来说，使用手机自带的相机软件，足以完成一般素材的拍摄，但自带的软件通常功能简单，或功能界面不够直观。如果创作者对画面内容有更进一步的功能需求，可以应用一些专业化的第三方拍摄软件。

1. 抖音相机

如果创作者对美颜功能有一定的需求，可以优先使用抖音相机进行创作，除了自带分段式拍摄功能，以及大量流行模板，其自带的美颜功能也较为优秀，能够在保证人像自然性和画面质量的情况下，提供丰富的美颜选项。但值得注意的是，无论是抖音相机还是其他美颜应用，都不建议将美颜参数设置得过高。同时在无特殊创作需求的情况下，尽量不过分使用自带滤镜。抖音平台更鼓励清晰画面的传播。

2. FilMic Pro

FilMic Pro（图3-24）是一款专业的视频拍摄手机应用，几乎配置了大多数能够在手机端实现的专业摄像功能，它的界面能够直观地展示视频录制中的重要数据信息，不仅可以自由地调整视频帧速率、饱和度、白平衡，还可以开启时间码记录器，方便多机位素材的后期处理，支持大疆、智云等一线云台的同步接入，通过双手分别手动控制的独立操作设置，分离对焦和曝光，模拟出专业摄像机的操作流程。此外，FilMic Pro在手机端还引入了FLAT模式和LOG伽马曲线，能够给予后期更多色彩的调整范围，是目前平台中最为专业的视频应用之一，但价格比较昂贵。

图3-24　FilMic Pro应用的宣传画面

3. Blackmagic Camera

Blackmagic Camera（图3-25）也是一款专业的手机摄像应用，与FilMic Pro一样，Blackmagic Camera也可以在录制界面中呈现详细的画面信息数据，提供斑马纹、峰值对焦、加载LUT（查找表，一种用于色彩管理的工具）等专业功能，手动控制曝光、对焦、帧速率、快门角度、白平衡等设置，基本能够让手机像相机一样进行视频拍摄。该软件目前能够免费使用。

图3-25 Blackmagic Camera应用的功能界面

（三）拍摄技巧

在短视频创作中，除了口播拍摄较为简单可以经常使用外，也可以多用其他呈现形式与不同的题材相结合，交织出多样化的拍摄路径与创意，以下这些拍摄技巧都可以借鉴与参考。

1. 科学的拍摄姿势

在尝试开始拍摄视频前，首先需要了解正确的设备握持。虽然目前大多数的手机与相机都配置了智能防抖功能，而且一部分创作者还会为设备购置防抖云台，并且光学防抖搭配物理防抖的模式已经能够让画面十分稳定，但是不科学的拍摄姿势仍然可能破坏拍摄素材，浪费大量精力和时间。

总的来说，科学的拍摄姿势仅需要遵循一个原则，即尽可能减少身体肌肉的活动，利用最少的活动关节来实现各类运镜。以下是一些运镜场景中的拍摄姿势建议。

（1）升降镜头。在拍摄一般升降镜头时，可以尝试双腿并拢，根据所需的升降高度确定好相机的握持高度，然后完成垂直下蹲或站立的动作，双臂尽量保持平衡，不要晃动手关节。

（2）推拉镜头。在拍摄推拉镜头时，先根据镜头的推拉范围，确定镜头的起点和终点，根据个人习惯，将一只脚的前脚掌踩在起点处，另一只脚的前脚掌踩在终点处，上半身尽量保持静止状态，依靠腰部发力，让上半身缓缓向后倾斜，从起点处慢慢靠近终点处完成拍摄。

（3）摇移镜头。在拍摄摇移镜头时，需要先确定拍摄高度，将拍摄设备放在需要拍摄的位置，然后下半身微微摇移，上半身保持相对稳定，利用腰部发力，带动上半身旋转完成拍摄。

2. 拍摄实践基础

（1）善用第三人称视角。在一些知识或生活化领域，很多博主喜欢使用第一视角与受众进行面对面的交流。然而，这样的呈现形式有时过于同质化，难以吸引用户的注意力，可以考虑利用受众对他人生活的好奇心，选择常见的家庭或公共场景，以第三人称视角去记录他人传递的信息或知识，可能获得更好的效果。

（2）正确的移情镜头（又称情感共鸣镜头）。一些初入短视频拍摄领域的创作者，希望能够将自己的情绪更好地传递给观众，但往往由于镜头语言的使用不当，使情绪传达未能达到预期的效果。正确的移情镜头拍摄应该是先记录角色与角色所处的环境，再呈现角色的视觉方向，随后进一步拍摄角色所注视事物的特写及角色的反应特写，这样便实现了常规的移情闭环。

（3）利用镜头组叙事（分镜切分）。如果拍摄者注重故事叙述（如 vlog 领域），那么优秀的镜头组接搭配科学的轴线处理能让画面更加流畅。镜头组接一般可以使用行动轨迹搭配行动特写与行动反馈来突出人物的运动反馈，也可以通过递进景别与递进角度记录同一个动作，将不同景别和角度的画面相拼接来强调动作的顺接感。

（4）避免冗余信息。短视频时代的关键并不是单纯地缩短内容时长，而是内容的高度压缩和提炼，高密度内容提升了用户的观看效率，使短视频内容形态得以风靡。所以，创作者需要避免冗余的信息，为了达到这个目的，在制作过程中需要注意以下几项。

第一，避免背景冗余。对于新手而言，常犯的一大错误就是花费太多精力和时间铺垫事件的前因后果，或对主题内容进行前提说明。在短视频制作中，需要尽可能让第一个镜头画面设置在矛盾展开的高潮位置，不用过于担心用户无法理解所要表达的主题或事件，正因为观众的不了解，才有继续观看的动力。

第二，避免景别与视角冗余。无论是运动画面还是固定镜头，在切换视点与视角时，都应尽量避免重复使用一个景别与视角进行画面记录，避免画面信息单一而导致信息刺激提醒不够所造成的受众观赏疲倦。

第三，避免语言的冗余。除了知识赛道，其他赛道的视频拍摄中需要创作者尽量减少对语言的依赖，应习惯通过表情和肢体来传达情绪和信息，能够吸引更多观众。

二 后期剪辑

后期剪辑是内容制作的关键环节，掌握符合短视频要求的剪辑技巧是有效提高作品各项数据的关键要素。本节以剪映为主要工具，对短视频当中的基本剪辑要求进行介绍。

（一）剪映介绍

在抖音平台中，除个别对视觉呈现具有较高要求的赛道外，其他赛道内容的后期可以坚持朴素实用的标准，如不涉及复杂的创作后期，那么剪映会是一款十分适合短视频创作者的影音剪辑应用。当前剪映应用具有三大优势，成为大多数短视频时代创作者轻量化影音剪辑的选择。

1. 本土化优势

创作者接触国外剪辑软件后会发现，不少国外剪辑软件在软件翻译移植的过程中存在大量晦涩的专业词汇，而在学习软件的过程中，这些晦涩的词汇往往对初学者而言是巨大的阻碍。剪映作为国产软件，尽量简化了专业术语，即使创作者不具备任何影音知识，也能够快速上手该应用，且应用的整体界面更符合国人的操作习惯，不存在常用功能深藏的情况。

2. AI功能

在轻量化剪辑领域，目前剪映的AI功能可以说是较为领先的，一些在其他剪辑软件中需要非常烦琐操作才能实现的功能，在剪映AI功能的加持下可以轻松完成，如人声分离、自动字幕、镜头跟踪等。

3. 素材库

对于短视频创作来说，少不了需要应用网络素材的场景，而剪映为创作者准备了海量的素材资源，并且能根据热度进行周期性的素材排列推荐，这极大降低了创作者四处寻找素材资源的时间成本。

除此之外，剪映还具备云端协同功能，能够在电脑端、平板端、手机端进行多平台云端协作，让创作者随时随地完成影音后期。但值得注意的是，在绝大多数领域，"方便"需要牺牲一定的"灵活性"，例如，商家可以利用SAAS（Software as a Service，软件即服务）系统快速创建一家品牌微店，但却难以根据自身需求在微店中定制各类功能和服务，剪映也是如此，如果将剪辑比作烹饪，传统的剪辑软件如Pr、达芬奇，更像是一位厨师根据自己的需求去烹饪自己喜爱的菜肴，而剪映更像是调味包，其优势在于确保快速地出菜。

（二）常用剪辑方式

1. 剪气口

信息密度的高低，能够在一定程度上影响观看时长和完播率。目前多数的短视频作品都会减少每句人声之间的静音或无用部分，以此增加信息的密度，该类方式剪辑业内称为"剪气口"。

2. 重要信息快闪，拉停留

在视频创作中，可以将重要的信息内容短暂插入视频画面，时间通常为0.5～1秒，重要信息快闪通常可以拉动视频的停留率与评论。

3. 慢放配合音效，重点提醒

在一些信息分享及意见与知识类的内容中，由于无法确保观众的注意力时刻集中，可以通过调整速率，同时配合一定的音效来对关键信息进行提示强调。在剪辑过程中，一般会在重要信息的预告片段适当调整播放速率，并配合恰当的音效，以提示观众接下来会有重要的信息传递，该方法不仅可以吸引观众的注意力，也可以适当拉长播放时长。

4. 前推反应特写，塑造人物形象

大量新手在剪辑过程中会忽略特写镜头的作用，实际上，高流量的短视频作品中，往往蕴含着大量情绪价值，而情绪价值可以通过在对象反应画面中进行模拟运镜前推特写，以达到情绪强化的作用，该拍摄方式非常有助于人物IP的打造。

5. 倾斜运镜，强化情绪渲染

除了景别的灵活运用，画面的角度变换也能起到情绪渲染的作用。通常在剪辑中，人物的面部情绪特写或肢体语言配合一定的倾斜运镜，能够更清晰地将人物发生变化的心境传达给观众，进一步渲染观众的情绪。

6. 曲线变速，画面更具冲击力

目前抖音平台中的内容还是以娱乐为主，娱乐类视频需要给受众带来更震撼的视听刺激，不同速率的组合，能够有效刺激受众的视觉与听觉，让视频更具冲击感或趣味性（由于书面形式无法演示动画效果，曲线变速用法可以自行寻找网络资源进行了解）。

7. 无剪辑

如果账号强调塑造真实感较强的个人IP形象，那么最好的方式是一镜到底对人物进行展示，不需要任何的后期剪辑，以增加记录的真实感。

第四节　抖音内容流量运营

无论经营哪一类内容赛道，创作者都希望能够获得更多的流量，而为了实现这个目标，需要运营者掌握平台本身的推流规则，熟悉一般引流方法。

一　推流机制介绍

抖音平台的推流规则是运营时需要掌握的基础知识，虽然抖音平台官方并未公开过其平台的具体推流算法，但是在长期的运营实践中发现，抖音的推流存在一定的规律。目前，关于抖音平台内容的推流机制有以下内容。

1. 推流影响因素

账号在不付费的情况下，最终获得推流的多少，主要由四个因素构成，分别是内容质量因素、流量利用率因素、账号权重因素、时段与热点因素。

（1）内容质量因素。内容质量的评价主要包括内容的原创性、有趣性、有用性和创新性。优质的内容是推动作品传播的核心竞争力，目前抖音平台主要通过机器和人工对内容质量进行双重评判，算法机器主要审核内容的合法性、原创性、创新性，而人工会在机器审核的基础上再次审核内容的质量等各要素。

（2）流量利用率因素。流量利用率是指在一定的曝光数量下，受众产生了多少互动行为。受众互动行为越多，流量利用率就越高，平台倾向于对流量利用率较高的内容进行推流。但流量利用率并不与内容质量画等号，流量利用率主要有完播率、评论率、转发率和点赞率共四个正向指标，以及一个负向指标——2秒跳出率。通过观测，内容完播率的权重最大，所以想办法留住用户5秒以上的时间非常重要，其次是评论率、转发率和点赞率，与完播率相对应的2秒跳出率越高，获得推荐的总量就越少。

当然，在内容数据中，除了以上提到的数据指标，还有单个视频关注量、头像点开率、复播率（一个视频反复播放的频率）、拉黑率等指标，仅根据实践经验来看，目前除了单个视频的关注量，上述其他数据对单个内容的推流影响较为有限。

（3）账号权重因素。账号权重是指抖音平台对一个账号的综合评估，包括粉丝总量、更新频率（更新频率是否稳定）、账号活跃度、互动率、内容质量等多个方面。账号权重越高，越容易获得平台的推荐和曝光。

（4）时段与热点因素。时段与热点加权也影响内容的推流。发布时段会影响一定的推流，假如某账号本身体量或赛道太小，同时其主要受众在晚上较为活跃，而该账号的内容推送却在早上 8 点，这将导致账号所发布的内容在第一时间无法精准触达核心受众，进而影响流量互动率，最终推流不理想。热点也会影响内容的流量推送，因为热点本身具有较高的关注量，平台会增加某热点相关内容的推荐权重，以满足受众对热点相关内容的消费需求，进而影响创作者内容流量。

除此之外，关于平台的推流机制还有以下补充内容可以进一步了解。

2. 流量池机制

市面上的抖音内容运营人员将抖音漏斗型推流模式称为"流量池漏斗"。目前业内普遍认为，抖音存在不同的分级流量池，只有达到了每一级流量池的要求，才会被筛选掉入下一级流量池，这种层层筛选的机制类似于漏斗，所以也被称为漏斗机制。关于流量池的说法众说纷纭，但大致可以分为两种。

一种说法认为抖音共有八级流量池，每一级流量池对应着不同的曝光推荐量，八级流量池分别是"初始流量池""千人流量池""万人流量池""十万人流量池""十万人 + 流量池""百万人流量池""热门推荐""全网推荐"。其中，初始流量池能够匹配 200～500 的初始曝光，千人流量池对应 300～5000 的曝光量，万人流量池对应的曝光量为 1 万～2 万，十万人对应着 10 万～15 万的曝光量，十万人 + 流量池对应着 30 万～70 万的曝光量，百万人流量池对应 100 万～300 万的曝光量，热门推荐是抖音平台赋予的推荐曝光，通常对应 500 万～1000 万的曝光量，全网推荐是指在多个字节系平台中进行推荐。

另一种说法将漏斗机制简化为三个阶段。第一阶段是初始流量阶段，普通账号同样对应 300～500 的曝光量；第二阶段是多重筛选阶段，该阶段根据初始流量的表现效果来筛选出哪些内容可以获得更多的曝光，在这个阶段中，只要内容各项数据高于一般标准，便有机会获得更多的推荐，如果内容数据一般，则容易停在 1.2 万播放的最终值；第三阶段是精品推荐阶段，在针对各项数据进行多重筛选后，该阶段要求内容的各项数据都非常理想才有机会获得海量流量，甚至获得首屏推荐（用户打开抖音 App 所刷到的第一个视频）。

3. 赛马机制

抖音作为兴趣分发平台，与以议程设置为特点的传统门户网站存在一定的区别。抖音更强调"千人千面"，平台智能信息分发；而传统门户网站是"千人一面"，大家共同在一个固定的分区排版页面中自行搜索想要的内容。

千人千面的智能分发会引发一个问题，比如，某位用户喜欢唱跳类视频内容，平台也记录了该用户的兴趣偏好，那么如何在众多的唱跳内容中挑选出一条或几条内容给这位用户？很显然，在该用户没有明确偏好对象的情况下，平台会优先为其推送数据较好的唱跳内容。注意，并不是只有各项数据都非常高才能被入选推荐，而是在同领域中，相比其他作品数据更优秀的内容才会被优先推荐，这种推荐机制被称为"赛马机制"。

赛马机制主要有两个优点。一是避免过度中心化，只要作品数据足够优秀，普通创作者的作品也能够享有比较高的作品推荐权，极大地鼓励了优质内容的创作；二是保护了小众领域，在传统的门户网站中，用户进入首页后，视觉首先会聚焦在热点排行榜中，但榜单通常要求信息与信息之间同台筛选，这会导致小众领域缺少相应的关注和曝光，而基于兴趣分发与赛马机制的叠加推荐，能够保证用户总能够关注到该领域最优质的一批内容。

4. 各指标标准参考

判定一条内容是否合格，能否进入更高的流量池，可以将用户的反馈数据作为参考。一般来说，平均播放量低于1.2万的新账号，若5秒完播率达到45%，整体完播率达到10%，点赞率达到4%，评论率达到3%，转发率和关注率达到2%，2秒跳出率低于40%，代表其发布的内容十分优秀。

但是不同的赛道、不同的时长、不同的类型（视频和图文），各项数据参考也会存在较大的差异，上述数据仅能作为一般参考。同时，视频的数据达标并不绝对意味着该视频属于优质视频，在互联网平台中，一些充斥着用户偏好矛盾的内容往往拥有较好的数据表现，因为这些内容能够激发用户的互动参与，但绝不意味着该内容属于优质内容。

5. 分发路径

短视频/图文的自然流分发有一定的路径规律。一般而言，账号发布的内容会首先推送给账号的粉丝与通讯录成员（在未进行手机通讯录屏蔽的情况下）用户。其次，账号内容会基于账号的位置信息，推荐给部分同城用户和一小部分陌生兴趣流量。最后，系统会自动判断账号和内容的主要标签，结合数据情况，决定是否将内容推荐给对该标签感兴趣的大用户流量池中（图3-26）。

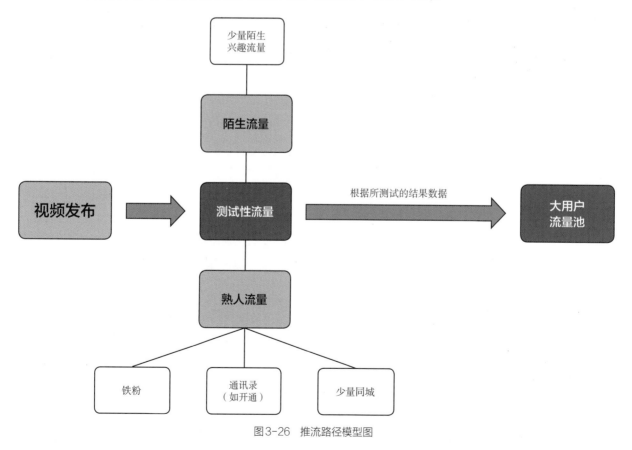

图3-26　推流路径模型图

6. 限流机制

许多抖音创作者经常会提到"限流"一词，限流是指账号发布的内容不被平台推荐。目前，抖音官方明确声明限流的情况包括以下两种。

（1）违规通知。当账号或内容出现严重违规的情况，系统会发送创作内容违规或操作违规及账号异常的通知，并且实行一定的限流惩罚。具体规则可在《抖音社区规范公约》中进行查看，也可以打开作品的"数据中心"，如果作品出现违规，会在"违规提醒"选项当中出现提示。

（2）部分领域未实名认证。根据抖音平台新规，自2023年10月起，粉丝数量达到50万，且发布涉及时政、社会、金融、教育、医疗卫生、司法等内容的自媒体账号，须授权平台在账号主页展示通过认证的实名信息。若未进行认证或授权，会对账号的内容传播、商业收益等方面产生影响。

了解抖音推流机制在一定程度上能够辅助创作者进行内容创作，但创作者切莫本末倒置，将创意和思维桎梏在抖音推流算法中。实际上，抖音的推流机制一直在改变，它既可能随着平台的生命阶段发生变化，也可能随着内容的风向进行小规模的推流改动，所以不要过分依赖平台机制进行内容创作，也不要过分为了拉动用户互动数据进行创作，高质量、创新性的内容才是账号数据攀升的永恒竞争力。

二 创作者标签

在兴趣电商的生态中，大部分创作者希望将内容精准推送到目标受众当中，这是因为精准的流量模型一般来说转化率更好，用户互动数据及黏性也更高。如果创作者希望获得更加垂直的受众群体，必须先给账号打上"创作者"标签。账号创作者标签是抖音平台对账号内容、风格和受众群体的一种分类标识。

简单来说，创作者需要让平台识别出自己的账号到底是一个什么样的账号，一般产出怎样的内容。看起来非常简单，但这个过程并没有那么迅速，平台需要经过一定周期的算法判定后，才能逐渐厘清账号的定位，最终形成账号标签，只有形成了目标标签，才有助于平台更准确地将账号内容推送给相关受众。

（一）账号创作者标签的构成因素

实践发现，通常会有三个因素在不同程度上影响账号创作者标签，分别是账号基本信息、用户互动行为、账号发布内容。其中，账号发布内容对建立账号标签影响最大。

（1）账号基本信息。账号基本信息包括昵称、简介、头像、地域等信息，这些信息有助于平台对账号进行初步分类。

（2）用户互动行为。用户互动行为包括用户点赞、评论、转发、收藏和关注等，用户与账号的互动行为同样会被平台记录和分析，该类信息能够成为平台对账号标签进一步调整和优化的重要依据。

（3）账号发布内容。账号发布内容是平台对账号打标签的核心参考要素，主要依据其类型、风格、主题。

因此，在开始给账号确立标签前，需要先完善账号的基本信息，并在较长周期内保证账号发布相似类型、风格、主题的创作内容，巩固标签。

（二）建立创作者标签的方法

在确保账号信息填写完整并能够在一定周期内更新统一的创作内容后，还有以下工作内容可以进行尝试。

1. 截流打标签

特别对于新账号而言，平台的推流往往不够精准，而不够精准的推流会导致对该内容不感兴趣的受众快速跳过账号所发布的视频，或者贡献更少的互动行为。最终由于账号内容数据表现差，平台进一步停止或减少对账号内容继续推流，如此一来账号会陷入运营的"恶性循环"。所以，可以灵活采取以下办法对该情况进行调整。

第一步，在对标账号中寻找一部分在对标账号内容评论区相对活跃的用户，并记录其抖音ID号以及活跃时间。

第二步，选择与这类受众账号相近的活跃时间发布内容，并用一个对同赛道内容感兴趣的"抖音老号"在更新内容的评论区@出这些账号（抖音老号是指有一定的正常使用时间，同时关注了多个内容领域的抖音账号，使用时间越长越好）。

第三步，等待被@的用户观看或评论目标视频。

该方法的目的在于吸引同类领域的重度用户观看视频内容，通过该类用户的行为积累，人工矫正推流模型。这是因为抖音算法会倾向于将内容推送给与留下互动痕迹相似的人群，假如长期观看篮球领域的用户为该视频贡献了更多的互动数据（完播也算在其中），便会鼓励平台继续将内容推送给同样喜欢篮球领域的人群。

需要注意的是，该方法效果并不稳定，且工作量较大，但优点在于不用额外付费。

2. 评论区拉标签

评论区是经常被忽略的标签策略，在大多数的账号内容中，都可以通过在评论区利用"小蓝字"（设置引导性标签）、回复评论、制造话题来拉动相关数据。

一方面，平台算法作为机器，并不能主动为内容定性。例如，某唱歌视频的内容中，机器无法分辨出该歌声是优美的，还是平庸的；无法分辨演唱者是好看的，还是普通的。所以可以通过用户在评论区留言关键词，帮助平台算法进行识别。另一方面，评论区中具有幽默感、争议性的评论，非常吸引受众的互动讨论，同时对拉动视频整体播放率也非常有帮助。在垂直热门视频下，可以合理利用"小蓝字"引流，跳转自身视频也能够拉动部分精准用户。

3. 创作爆款内容

爆款内容能够让账号更快被平台记住，并提供更多的用户行为依据作为标签参考。注意，此处的爆款内容不是需要创作者生产出数据意义上的爆款内容，而是选题上的爆款内容。创作者可以寻找到同领域博主近1周或近2周用户互动数据最高的一条视频，借鉴该主题或话题，用个人风格进行一定的差异化创作。

4. 付费标签

付费标签是最快速的标签策略，在创作出一条或多条账号内数据相对较好的视频（通常要求5秒完播率大于45%，并有一定点赞、评论、收藏、关注数据的视频）后，可以在视频发布的6小时后或次日，选择DOU+产品中的"达人相似"选项对该视频进行投放。该方法能够帮助创作者将视频投放到同类创作者的粉丝中，吸引同类创作者的粉丝观看，通过相同受众的行为积累，逐渐打好标签。但需要注意的是，在选择相似达人时，尽量选择近期活跃的账号，避免选择一些暂停更新或近期未更新的达人账号。

5. 持续更新

新号在发布视频前，尽量备好一些创作存稿，在7～14天保持频率较高的更新，同时保持更新内容足够垂直。

（三）检查账号标签的方法

检查创作者标签的主流方法有两个，一个是通过巨量算数平台进行查看，另一个是通过热点宝进行查看。

1. 巨量算数

在PC端打开巨量算数官网，登录后点击顶部导航栏中的"算术指数"选项，在搜索框内搜索需要查询的账号昵称。在搜索结果中，若账号昵称下方出现了两个蓝色标签，则表示该账号已经打上了创作者标签。若搜索结果中，账号昵称下方出现"未分类"字样，则代表该账号并没有被打上创作者标签，平台暂时不清楚该账号属于哪一类领域。

2. 热点宝

如果不方便在电脑端进行搜索操作，也可以在抖音手机端右上角的搜索框中输入"抖音热点宝"，进入热点宝程序后，找到并点击"订阅观测"选项，并进一步选择"我的观测"，找到并点击"账号观测"，最后在"账号观测"中搜索想要检查的账号昵称或ID即可。

热点宝的检查方法与巨量算数相似，如果在昵称的右侧出现相关标签字样，则代表账号成功打上了创作者标签。

（四）创作者标签修改

打上创作者标签不代表打上了精准的创作者标签，有部分账号由于各类原因，最终在搜索结果中发现预计标签与实际结果不一致。如果出现该类情况，有以下两种办法可以操作。

1. 隐藏或删除非垂类视频

在重新检查并修改账号信息后，需要进一步分析账号所发布的视频，优先检查数据较高的视频内容是否垂直，如果出现内容过泛或偏离目标标签的情况，可以选择隐藏或删除该类视频，并在后续的更新中保持稳定的更新周期，发布垂类视频。

2. 修改内容话题

如果不愿意删除或隐藏视频，可以尝试对内容的文案与话题标签进行修改，尽可能将原有的标题文案与话题标签向更加精确和细分化修改。创作者可以在账号内打开自己需要修改的视频，点击右下角的三个点（更多选项）后，向右滑动并选择"编辑作品"进行修改即可（图3-27）。

图3-27 抖音App修改内容话题入口

三 数据诊断

创作者每发布一条内容，抖音后台便会记录下该条内容的各项数据，具体数据可以在个人主页的"抖音创作者中心"中进行查询（图3-28）。在数据中心，重点需要关注的是发布作品的数据详情，对创作内容进行数据诊断，有助于创作者不断优化创作内容，以提升各类流量数据。

图3-28 抖音数据中心界面入口操作导航

"抖音创作者中心"将视频内容的数据划分为三个部分，分别是播放分析、互动分析、观众分析。以下着重讲解播放分析与观众分析。

（一）播放分析

在播放分析中，需要重点关注视频内容的五个播放数据情况，分别是"播放量""完播率""平均播放时长""2秒跳出率""5秒完播率"。从诊断的重要性来看，需要优先诊断2秒跳出率和5秒完播率。

1. 2秒跳出率

2秒跳出率是指视频开头2秒内用户跳出内容的比例，2秒跳出率是内容的"生命线"，如果2秒跳出率非常高，那么后续的内容再精彩也难以获得优秀的数据。一般来说，2秒跳出率过高的原因包括情绪表现差、痛点或人群不精准、理由不充分等，需要优化开头的文案话术。

在短视频开头2秒的文案，最好能够同时满足情绪价值、观看理由、人群精准定位三个要素。当然，人物外形、声音、场景及道具、运镜等因素也会影响2秒跳出率，但相比来说，文案的效果往往要高于这些辅助因素。一般来说，人物外型可划分为三种，一种是帅气美丽型，一种是个性型，一种是专业型（符合垂直领域的气质外型）。视频的背景声音最好选择热门的音乐加有辨识度的人声；场景和道具尽量夸张，比如道具可以更大一些，场景的对比度可以更强，都可以吸引视觉，如果是写实场景，则可以通过夸张的运镜来弥补现实场景的平淡。

2. 5秒完播率

5秒完播率是指用户观看视频作品超过5秒的人群比例。5秒完播率较低，一般是开头拖沓或选题的问题，常见的开头拖沓原因包括插入个人或频道片头过长、插入自我介绍或主题介绍冗长、主题描述不清晰等。选题的问题则较为复杂，但有以下办法可以提高选题流量。

（1）在热门评论区找选题。查看同领域热门视频的评论区，选择回复较多的热门评论将其策划为选题，因为评论的热度已经证明了该类话题有一定的流量。

（2）在往年的热门视频中找选题。实际上，在每年的各个节点，热门的选题都存在一定的规律，比如，春节期间拍春节回家与父母亲人沟通的选题极大概率有流量。可以筛选出往年同类赛道每个月份最火的一些话题，进行重新包装策划。

（3）在社群平台中找选题。在社群平台中，寻找大家疑问较多的问题，或普遍关心的议题来策划选题。

（4）在咨询报告中找选题。如果是细分赛道，或多或少存在一些咨询报告，对该领域的用户或行业进行调研盘点，可以聚焦于咨询报告中的发展趋势和痛点，进行选题策划。

（5）利用"创作灵感"专区与巨量算数。可以在抖音中直接搜索"创作灵感"，参考抖音的创作灵感专区进行选题策划，也可以参见前文介绍的内容策划的方法进行选题策划。

3. 平均播放时长

平均播放时长是指用户观看作品的平均时长。平均时长反映出两个问题：一是内容是否紧凑，二是信息密度是否充足。

短视频并不仅是作品时间缩短了，而且是信息量的高度浓缩。在作品内容的编排中，要学会尽可能地做减法，精简中心思想表达无关的细枝末节，要将个人或团队的表达欲望与受众的观看体验进行高度平衡，让作品保持紧凑感。

4. 整体完播率

抖音整体完播率是指观众完整观看整个视频的比例。要实现较高的整体完播率，除了需要满足上述小点中提到的所有要求，最重要的还是需要控制好整个作品的节奏。优秀的作品节奏应该有情绪的起伏，能够在恰当的节点让受众随着创作者转换不同的情绪，这便是优秀作品的节奏控制。绝大多数影视解说或剪辑类作品的高完播率，很大程度上就是依赖影片本身的剧情节奏。

5. 播放量

播放量是指作品被用户观看的次数，是衡量抖音视频受欢迎程度的重要指标之一。影响播放量的因素非常多，其中最为关键的是内容质量与推流精度，其次是发布时间和赛道规模。

内容质量非常好解释，优秀的内容能够吸引更多的用户互动，从而拉高内容的整体流量利用率，有利于获得更高层级的流量池推流。但优秀的内容需要匹配精准的受众，否则优质内容获得欣赏的概率便会大大降低。同时，不同领域的内容还受用户规模约束，比如，足球比赛的视频一般要比铅球比赛的视频播放量高出不少，这是因为喜欢铅球的人数远少于喜欢足球的人数。

最后，需要注意的是，在数据分析时，还经常会出现作品各项数据都很好，但推流情况却不太理想的情况，比如，视频内容有1000条评论、1000条点赞，却只有5万人的播放量，该情况的出现通常是因为同类型作品数据整体更好，正如前文提到的，抖音推流机制结合了叠加机制和赛马机制，共同参与推流结果。

（二）互动分析

在互动分析页面中，创作者可以查看作品的评论量和评论率、点赞量和点赞率、分享量和分享率、收藏量和收藏率，以及下载量等数据。

1. 评论

评论是用户深度参与作品内容后的互动行为之一，通常是用户希望与他人交流或表达自身想法，从而得到更多互动、认同、建议等采取的行动。若非黏性较高的账号，一般来说，如果缺少主动性引导，用户的评论量通常较少。创作者可以通过以下办法，尝试提高作品的评论率。

（1）联系型引导。与用户个人联系更密切的事物更容易引发用户的行为，在视频中，可以尝试将内容与用户的利益关系联系起来，进行评论引导。例如，"你的朋友是不是也这样，快把他@出来"。

（2）助人型或疑问型引导。多数用户都愿意用亲身经历帮助他人，可以在内容中引导用户在评论区分享自己的经历与建议。例如，"如果你曾经也经历过这样的事情，可以在评论区与他人进行分享"。

（3）热评型引导。一条应景的热评，可以大大提升评论量以及拉长播放时长，创作者可以在同类热门视频中找到其他视频里生动有趣的评论，经过二次创作后发布到自己的评论区中。

（4）激将型引导。合理利用幽默有趣的激将法，也能增加用户的互动。

（5）社交型引导。有相当一部分用户在浏览短视频的过程中，也希望与他人进行社交，发布的内容中可以适当明示或暗示组织用户社交。

（6）聚类型引导。可以利用人们的群体归属感和认同感，如在评论区当中发布"养边牧的朋友来这里集合"等评论，既可以增加评论，也可以提升内容的社区氛围感。

（7）争议型与细节槽点型引导。许多作品的观众愿意在具有明显争议的话题中进行讨论交流，但争议型的话题选择需要十分谨慎。可以在视频中留下一些槽点供观众发现与吐槽，也能强化用户的黏性，增加评论。

2. 点赞

点赞是目标受众的感性互动行为，但是用户的感性通常属于认同性的感性，在信息茧房时代，用户更倾向于听自己爱听的、听自己想听的，更喜欢收获认同，而不是相左的意见。所以许多新人在起号期间都利用了情感认同的方法，迅速拉动作品数据。常用的办法包括以下几点。

（1）为目标受众找到失败的原因。

（2）为目标受众的利益发声。

（3）帮助目标受众作出选择。

在策划选题时，一定要首先在同类作品中对舆论倾向做好调研工作，如果选择支持者较多的评论作为创作者的中心思想，那么点赞量通常也会更高。

3. 分享

转发分享通常代表着用户对作品的认可，并希望传递给更多的人。与点赞相似，转发是点赞行为的进一步强化，是用户认可创作者的行为。

4. 收藏

收藏是指用户对内容有用性的认可，用户认为该作品对自身具有一定的帮助，通过收藏，方便以后对该内容进行反复观看。

5. 下载量

下载量体现着用户在观看作品后，出于个人情感及有用性做出的行动，通常学习性资料内容、粉丝向资料内容的下载量较高。

除了以上五个指标背后的行为动机与策略，指标的具体量化也能在一定程度上作为评价作品优秀与否的参考（表3-4）。

表3-4 作品数据量化指标参考表

数据项目	数据说明	指标考核
点赞率	点赞率=$\frac{点赞量}{总播放量}$，常用于衡量作品受欢迎的程度	在绝大多数内容赛道中，点赞率＞5%为合格，点赞率＞10%为优秀
赞评比	赞评比=$\frac{评论量}{点赞量}$，常用于衡量作品受欢迎的程度与作品的互动效果	在绝大多数内容赛道中，赞评比＞10%为合格，赞评比＞30%为优秀
赞分比	赞分比=$\frac{分享量}{点赞量}$，常用于衡量作品对于受众的价值程度，粉丝向作品还能反映出账号与用户之间的黏性关系	点赞与分享的比例会因为视频内容的类型不同，而出现数据差异较大的结果。例如，知识型视频分享量可能大于点赞量。一般而言，赞分比越高越好
赞粉比	赞粉比=$\frac{吸粉量}{点赞量}$，常用于衡量作品的综合质量与创作者的受欢迎情况	对于一般素人而言，赞粉比＞10%为合格，点赞率＞20%为优秀。对于一般商家而言，不需要过分计较赞粉比关系

四 养号与认证

在正式进行抖音运营前，还需要了解抖音起号的"养号"过程与各类认证注意事项。

（一）养号

为了避免大量的"水军"账号扰乱平台的良好运营环境，保证服务器的正常运行，抖音平台会对新账号进行监测。如果创作者注册了一个新账号，并立刻发布内容，通常会受到一定的流量限制。所以，创作者若是需要注册新账号进行内容运营，需要合理地使用一段时间后，再进行内容的发布，这段周期在业内称为"养号"。

为了达成商业目的而进行创作的群体，通常会额外注册一个新账号进行内容发布，这种目的性较强的新账号容易被认定为风险账号，所以养号的过程十分有必要。养号的目的在于让平台信任新账号，需要新账号模拟出正常用户的一系列行为，在起号过程中避免受平台监测机制的影响。

一般来说，养号需要遵循以下步骤。

1. 账号注册与流量准备

创作者需要使用手机号进行抖音账号注册，尽可能绑定一些第三方账号，以增加账号的可信度。同时，填写完整的个人资料，包括头像、昵称、个人简介等。注册后，请确保手机号有充足的移动数据可以使用。

2. 使用移动数据浏览视频

确保使用移动数据而非Wi-Fi网络进行视频浏览，这是因为如果该Wi-Fi网络下同时连接过多个抖音账号，可能会被判定为风险账号，所以尽可能使用手机移动数据进行观看。创作者需要按照普通用户的观看行为操作，作为普通观众浏览推荐视频和热门视频，可以适当进行点赞、评论和转发等操作。但是，互动行为建议在创作者观看完整的视频后再进行互动，避免频繁切换视频或连续点赞等行为，这个过程请持续2~3天。

3. 发布日常作品进行检测

创作者可发布1~2个日常随拍作品，注意新号作品尽量避免明显的商业目的与敏感话题，包括刻意的露出品牌标志（Logo）、转化类话术、促销文案、消费诱导、矛盾对立等。待作品发布1天后，观察账号的曝光量和播放量等指标是否正常，如果作品自然播放量超过200，后台检测无任何异常，则可尝试新的视频发布。最后，如随拍视频与账号定位冲突，需要将前期的测试性视频进行隐藏。

（二）认证

若只是发布普通视频内容，则创作者不需要进一步的账号认证，但若账号是以商业化为目的进行运营，对各类认证的规则进行预先了解，则对账号的变现非常有帮助。

1. 抖音号注册

目前一个手机号可以注册两个抖音账号。理论上，如果创作者分别在不同的通信运营商开办了多张手机卡，那么总手机卡数量的2倍便是其可以注册抖音号数量的上限。

2. 个人号实名认证

一个人理论上可以拥有多个抖音号，但是只能通过身份证为一个抖音号进行实名认证。个人号实名认证后可以开通更多的权限，比如，开通直播权限（限本人）、开通橱窗、查看博主的实名信息、提现等。除此之外，还可以让账号更加安全。

因此，个人账号的实名认证必须十分谨慎，一旦个人身份证已经用于实名认证，想要更换其他账号，首先需要注销身份证所绑定的账号。一旦账号注销，账号内所有的数据都会被清空，待原身份证所绑定的账号注销超过7个工作日后，该身份证才能重新绑定其他账号。

3. 黄V认证

抖音黄V认证用户是指抖音平台官方认证的用户。如果创作者本人拥有一定的社会与网络影响力或从事特殊职业，如明星、各领域网红、作家、医生、律师等，可以申请抖音黄V认证。虽然黄V认证无法享受流量扶持，但可以增加账号的权威性和可信度，间接提升观看流量。

4. 蓝V认证

如果账号主体为企业、机构、媒体、政府等组织，在账号创建时可以直接进行蓝V认证。蓝V认证账号是指获得官方认证的非个人型账号，蓝V认证主要是为了表明账号主体在抖音上具有正当性、可信度和权威性，同时能够在抖音平台享受部分特权。例如，无条件开通橱窗，在直播过程中享有更宽松的政策，在业务经营方面可以更加直接地展示各类信息，如地址、电话、网址、预约、团购等。

对于个体户和企业来说，一张营业执照可以认证两个抖音账号，但个人又可以注册多个营业执照，所以理论上运营者拥有的账号可以有很多个。不过，认证蓝V账号不仅需要提交一定的资料，同时还需要一定的认证费用，这也是一笔不小的开支。

第五节　抖音内容变现渠道

抖音内容的变现渠道非常多，创作者既可以私下承接广告、参与商业活动、赚取咨询费用、赚取教学费用、项目对接等，也可以走官方的线上平台，实现更加高效、安全的内容转化。本节主要介绍巨量星图与橱窗两大官方变现渠道。

一　巨量星图

巨量星图是连接内容创作者与广告主之间的营销生态平台。对于创作者而言，创作者可以通过巨量星图接取并完成广告主所发布的任务实现商业变现。目前在巨量星图平台中，创作者可以接取的任务分为八种，分别是抖音指派任务、抖音图文任务、短视频投稿任务、图文投稿任务、直播品牌推广任务、直播电商带货任务、直播投稿任务、招募任务。

巨量星图的商业逻辑非常简单，但是对于创作者而言，想要在巨量星图平台中真正变现，还需要补充相关的知识。

（一）变现门槛

目前，没有粉丝的新账号也可开通巨量星图移动端，但想要开通巨量星图PC端，则需要满足一定的量化指标要求，具体可登录巨量星图官方网站进行查看。虽然抖音平台目前降低了创作达人的入驻要求，但入驻并不意味着可以开始在巨量星图接单变现，根据不同的任务，抖音官方罗列了不同的要求，具体可参考表3-5。

表3-5　巨量星图任务门槛展示表

开通列表	任务说明	粉丝要求	其他要求
抖音指派任务	抖音指派任务为达人自行报价，客户自主在达人广场挑选达人，下单相关任务，最终发布任务视频至达人抖音账号，借助达人的影响力和内容创意，帮助客户进行产品宣传的模式	抖音账号在抖音平台粉丝量≥10万	● 内容调性健康合法
抖音图文任务	抖音图文任务为达人自行报价，客户自主在达人广场挑选达人下单，最终发布图文至达人抖音账号，以达人自身影响力和内容创意，帮助客户进行产品宣传的模式	抖音账号在抖音平台粉丝量≥1万	● 近30天发布过2篇图文体裁内容； ● 内容调性健康合法
抖音短视频投稿任务	短视频投稿任务是一种"一对多"的任务模式，由客户发起一个话题/任务，对应多位达人参与。达人根据客户的任务要求和结算规则（按播放量/实际转化等），参与并制作视频进行投稿。任务周期结束后，结果无异议的情况下，对应的达人将获得任务奖励	抖音账号在抖音平台粉丝量≥1万	● 内容调性健康合法
抖音图文投稿任务	图文投稿任务是一种"一对多"的任务模式，由客户发起一个话题/任务，对应多位达人参与的任务类型。达人根据客户的任务要求和奖励规则参与并制作图文进行投稿。任务周期结束后，平台公布获奖结果，在结果无异议的情况下，对应的达人将获得任务奖励	抖音账号在抖音平台粉丝量≥1000	● 内容调性健康合法
品牌直播推广任务	以直播形式进行推广，客户自主在达人广场挑选达人下单，此任务模式偏品牌宣传类的直播合作，暂不支持购物车组件	抖音账号在抖音平台粉丝量≥1000	● 近14天内，开播场次≥3场且每场开播时长≥25分钟； ● 近30天未出现账号违规、账号封禁、违反社区规范的行为； ● 直播内容/调性健康积极向上
直播电商带货任务	以直播形式进行推广，客户自主在达人广场挑选达人下单，此任务模式偏电商带货类的直播合作，要求必须挂购物车商品	抖音账号在抖音平台粉丝量≥1000	● 已开通电商直播权限； ● 直播内容/调性健康积极向上
直播投稿任务	直播投稿任务是指达人以直播形式参与客户发布的投稿任务，达人可以在开播时凭借强互动性及达人影响力优势进行推广，以便获得更高的收入奖励	抖音账号在抖音平台粉丝量≥1000	● 近14天内，开播场次≥3场且每场开播时长≥25分钟； ● 近30天未出现账号违规、账号封禁、违反社区规范的行为； ● 直播内容/调性健康积极向上
抖音招募任务——一口价模式	招募任务是巨量星图为满足客户对于中腰部达人及关键意见消费者（KOC）的批量招募需求推出新型发单模式，提升客户与中小达人的合作效率，助力客户实现一次下单批量合作KOC，同时实现KOC筛选与调性把控，增强线上"建联"服务能力，降低客户的达人营销投入门槛，优化客户投放效率	1万≤抖音账号在抖音平台粉丝量≤100万	● 内容调性健康合法

（二）综合指数与达人等级

在达人主页面的头像下方，会出现一条综合指数，该数值是创作者与广告主判断达人商业价值的参考项，该指数由创作者的传播指数、商业指数、成长指数综合加权计算得出，理论上综合指数越高，该达人的商业价值越高。在头像的右侧界面，对达人的等级和进度情况进行了展示。目前，巨量星图将达人划分为四个等级，分别是Lv1入门达人、Lv2初级达人、Lv3中级达人、Lv4热门达人。

不同的达人有不同的权益可以享受，当然每个阶段的达人的要求也不尽相同，具体可参考表3-6。

表3-6　巨量星图达人任务、考核、权益展示表

任务	达人等级			
	Lv1 入门达人	Lv2 初级达人	Lv3 中级达人	Lv4 热门达人
基础任务	● 完善达人介绍，包括所在地域和擅长行业 ● 浏览任务大厅 ● 开通任务（1～10万：投稿任务；10万+：传播+投稿任务） ● 设置报价（10万粉以上） ● 查看经营助手页面（10万粉以上） ● 学习3门学院星图课程，完成率80%以上 ● 近30天抖音发布5条视频	● 学习5门学院课程，完成率80%以上 ● 近30天发布8条及以上视频或直播 ● 平均有效播放量＞10000 ● 参加1次投稿任务 ● 查看经营诊断	● 学习8门学院课程，完成率80%以上 ● 完成1个订单（排除全民任务与小游戏任务） ● 近30天发布20条及以上视频或直播 ● 查看推荐客户/推荐任务 ● 平均有效播放量＞50000 ● 粉丝量＞30万 ● 点赞量＞10000 ● 信用分≥50分	● 学习10门学院课程，完成率80%以上 ● 完成3个订单（排除全民任务与小游戏任务） ● 近30天发布30条及以上视频或直播 ● 平均有效播放量＞10万 ● 粉丝量＞50万 ● 点赞量＞30000 ● 信用分≥75分
奖励任务（考核周期为3个月内）	● 每自然月平均1个订单 ● 短视频平均有效播放量＞5000或直播平均有效播放量＞5000	● 每自然月平均1个订单 ● 平均有效播放量＞2万或直播平均有效播放量＞2万	● 每自然月平均2个订单 ● 平均有效播放量＞8万	● 每自然月平均2个订单 ● 平均有效播放量＞15万
权益	● Lv1级权益价值5000元 ● 达人专享身份标签 ● 每月新增4条投稿任务推荐 ● 达人广场固定广告位曝光	● Lv2级权益价值2万元 ● 达人专享身份标签 ● 达人广场固定广告位曝光 ● 每月新增8条投稿任务推荐 ● 价值5000元的钻展位（客户侧星图页面） ● 星图学院精选案例优先上线权 ● "奖励权益"：投稿任务收益保底卡2张	● Lv3级权益价值7万元 ● 达人专享身份标签 ● 达人广场固定广告位曝光 ● 每月新增8条投稿任务推荐 ● 平台营销大促节点优先售卖 ● 价值10000元的黄金钻展位（客户侧星图页面） ● 市场宣发 ● 站内信推广 ● 星图学院精选案例优先上线权 ● 投稿任务收益保底卡3张 ● "奖励权益"：客户推荐；投稿收益保底4张	● Lv4级权益价值13万元 ● 达人专享身份标签 ● 达人广场固定广告位曝光 ● 每月新增8条投稿任务推荐 ● 平台营销大促节点优先售卖 ● 站内信推广 ● 巨量星图年终盛典特邀嘉宾 ● 价值30000元的组合钻展位（客户侧星图页面） ● 市场宣发 ● 星图学院荣誉特聘讲师，优先授课 ● 客户推荐 ● 星图学院精选案例优先上线权 ● 投稿任务收益保底卡4张 ● "奖励权益"：客户推荐；投稿收益保底5张

（三）接单注意事项

1. 注意奖金池

当任务的奖金量低于奖金池的20%时，建议创作者谨慎接单，因为从接取任务到审核发布需要经历一定的时间跨度，可能存在视频发布时奖金池已触底的情况。

2. 提前约定脚本的修改次数

在一些任务中，创作者需要先将视频脚本发布给广告主进行审阅，待广告主确认后方才进行拍摄任务。但要注意的是，内容创作本身包含很多主观因素，每位创作者与广告主均有各自的偏好及审美标准，所以在接单时，一定要与广告主商议好脚本的修改次数，避免反复修改。

3. 保护好信用分

在巨量星图平台，信用分对于达人而言十分重要，信用分满分为100分，达人信用分越高，也能在一定程度上收获更多广告主的青睐。信用分容易在接单过程中丢失，比如，出现拒绝修改脚本、延期发布、内容抄袭、引导客户线下交易等情况。

4. 严格选择与账号方向接近的商单

在选择商单时，尽量不要因为较高的佣金而去选择自身不擅长，同时账号受众与产品或项目不匹配的商单。

二、抖音橱窗

抖音橱窗是创作者内容载体中"带货变现"的核心组件，商家和达人可以通过将商品添加至账号橱窗，并在短视频或图文作品中挂载橱窗链接，以吸引受众关注链接商品。

目前，个人或企业开通商品橱窗仅需要完成简单的认证即可。但如果主体为个人身份认证的账号，且抖音粉丝数不足1000人时，该账号仅能在商品橱窗内进行商品销售，超过1000个粉丝后才可以将商品挂在视频/图文/直播间中。橱窗内带货是指观众可以点击达人的橱窗页面进行购买，达人也可以在评论区发布橱窗的权限。

1. 开通橱窗的步骤

第一步，点击个人页面右上角三条杠的图标，进入"创作者服务中心"，在"创作者服务中心"页面点击"全部"，再下滑到全部工具服务中的"变现"，选择"电商带货"。

第二步，根据主体的不同，分别进行材料认证即可。

当创作者满足橱窗挂载直播/短视频的要求后，会在画面的左下方出现一个黄色的小图标，这表示作品添加橱窗链接成功。

2. 添加商品的注意事项

橱窗开通后，创作者可以根据需要在规则范围内添加商品，但在添加商品时有以下注意事项。

（1）在选择商品时，尽量保证商品的适用人群与账号的粉丝画像接近一致。同时橱窗货品的行业跨度不建议超过2个，品类不要太多，前期建议不要超过10个为佳，同时一些内容赛道需要根据行业潮流及销售反馈，频繁更换橱窗商品。

（2）价格不宜太高。如果粉丝体量不高（热门赛道低于5万粉丝），不建议橱窗商品单价过高，一般建议添加客单在50元以内，且性价比较高的产品。通过推广低价商品，以快速积累口碑分，确保橱窗口碑分达到4.6分以上。

（3）尽量选择爆款。在兴趣电商平台，消费者聚集效应明显，如果创作者内容创作质量有限，在选品上应尽量跟随爆款。若创作能力较强，则可以尝试挖掘一些冷门的产品打造爆款。

第四章
抖音小店店铺运营实战

课程名称：抖音小店店铺运营实战

课程内容：

1. 抖店基础知识

2. 选品与定价

3. 商品上架

4. 冷启动运营

课程时间： 30课时

教学目的： 以项目实践推动抖店店铺运营的各知识点学习，引导学生在实践中学习和掌握抖店运营中的一般方法与经验。

教学方式： 任务驱动型教学。

教学要求： 要求学生结合自身情况，以小组形式协作注册抖音店铺，并根据教学要求，进行店铺运营与产品销售过程中的一系列实践。

课前准备： 准备好注册抖店的相关资质与销售策略，明确团队分工，熟悉课程所制定的班级项目管理办法。

抖店是抖音为自媒体平台创作者提供的电子商务变现工具。抖店与传统网店性质相似，但相比传统电商平台，抖店的产品可以通过更多元的载体和渠道进行展示曝光，实现多维变现。

本章将会围绕抖店的基础知识与抖店运营实操等内容进行介绍。由于不同品类、不同行业之间差异巨大，故本章尽量介绍通用性的知识内容，以供参考。

第一节　抖店基础知识

为了保障消费者的购物体验，积极维护良好的营商环境，需要商家在运营抖店前掌握好相关的运营规则和基础知识。

一　抖店的优势与门槛

抖音的电商成绩来源于优质的内容生态和相对健康的营商环境，同时坐拥数亿的日活用户基数使当下布局抖音电商依然具有较大的商业潜力。而在抖音电商生态中，抖店的运营是最为核心的环节之一，它是多数商品和服务最终转化的交易端。

目前，抖音平台相较一些传统电商平台入驻门槛较低，无论是个人、个体工商户还是企业/公司，都可以通过一定的申请流程入驻抖店。其中，以个人身份入驻抖店需要上传经营人的身份证，进行人脸识别、选择经营类目，并设置店铺名称，适合没有营业执照的个人开店；以个体工商户身份入驻抖店，基础资质认定需要上传营业执照（营业执照类型处显示为"个体工商户"）、经营者身份证件，进行人脸识别、选择经营类目，并设置店铺名称；以企业/公司身份入驻抖店，需要上传营业执照、法定代表人身份证件、选择经营类目、设置店铺类型及名称与Logo，店铺类型分为企业店、专营店、专卖店、旗舰店、官方旗舰店，如果商家具有品牌资质，可以按照自有品牌和授权品牌两类，进行品牌申报（表4-1）。

表4-1　不同身份入驻抖店的相关条件

入驻身份	提交材料	需要操作	店铺类型	税务	备注
个人	经营人身份证件、手机号码	人脸识别、选择经营类目、设置店铺名称等	个人店	目前不涉及	①不支持商品卡免佣金；②对部分商品类目申请与商品上架数量会有一定的限制；③回款周期较长，提现次数有限；④无商城推荐
个体工商户	营业执照、经营者身份证件	人脸识别、选择经营类目、设置店铺名称等	个人店	目前不涉及	推荐无货源和非品牌卖家选择
企业/公司	营业执照、法定代表人身份证件、银行卡号	选择经营类目、设置店铺类型及名称与Logo	企业店、专营店、专卖店、旗舰店、官方旗舰店	营业额需要走对公账户，需要缴纳税款	推荐品牌商家优先选择

二 \ 抖店的转化载体与渠道

目前，抖店的成交载体可以分为三个，分别是抖音商城、短视频/图文、直播。整体来看，在抖店的成交渠道来源中，直播成交的占比最大，其次是抖音商城，最后是短视频/图文。实践发现，抖音平台规模较大的商家，其直播成交额往往能够占店铺总成交额的50%以上。在店铺成交的三个载体中，每个载体又存在更为细化的流量来源，根据运营经验，图4-1中罗列了三个载体中的主要流量来源，可作为参考。

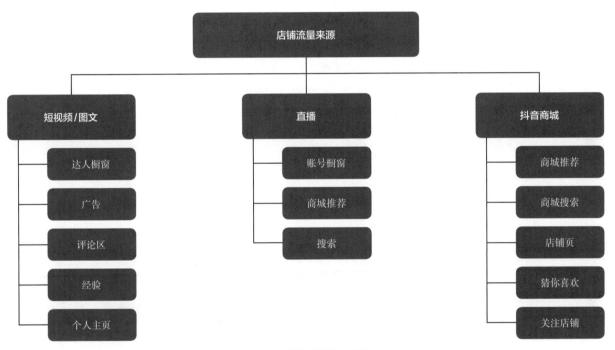

图4-1　抖店店铺流量来源

（一）载体与策略

不同的载体需要匹配不同的运营策略。

1. 短视频/图文载体策略

从商家或创作者特长来看，短视频/图文载体适合内容创作能力强，同时具备一定产品卖点挖掘能力的商家或创作者，这是因为在短视频载体中，用户的需求往往是不具体的，由于该载体缺失了商家与用户的实时互动，这就需要商家尽可能在最短的时间内结合具体的使用场景，突出产品的核心优势，获取用户信任以提升用户的购买欲。

从品类来看，短视频/图文载体适合家居百货、零食甜品、个护家电、服装、美妆、小家电、低客单的3C数码等品类产品，这类产品有一定的包装潜力，能够迅速建立商品价值，同时客单价一般不高，不会给受众带来太多的决策压力。

因此，想要做好短视频/图文载体，必须要钻研场景、选题、脚本、拍摄、剪辑等方面。

2. 直播载体策略

从商家或创作者特长来看，直播载体适合沟通能力强、具有线下导购和服务行业经验的人群，对商家主播的沟通能力要求较高。这是因为在直播载体中，很多用户倾向于主播替自己做出购买决定，另一部分用户虽已有明确的购买目标，但希望主播能给予自身恰当的购买理由，所以商家在建立信用的基础上，需要通过高质量的视听引导，强化消费者的购买意愿。

从品类来看，直播载体适合服装、饰品、美妆、生鲜、亲子用品、家纺、日用品等产品，这是因为该类产品通常有一定的利润或复购率，产品本身也依赖更动态化的表现形式和更多的展示时长，而在实时互动的载体优势赋能下，恰好能够更好地补足这类产品在传统静态电商展示下的短板。

因此，想要做好直播载体，必须钻研主播、SKU、排款、各类话术、场景、话题等方面。

3. 商城载体策略

商城载体适合自有供应链或具备一定电商运营经验的商家，这是因为商城的消费用户往往有明确的购买需求，同时商城载体中不存在主播实时互动等辅助营销外力，这对商品的包装及商品本身的性价比有一定的要求，所以比较适合自有供应链或具备一定电商运营经验的商家。

从品类来看，抖音商城载体比较适合日用百货、个护家电、手机数码、食品饮料及一系列小众垂类产品，这类产品本身的功能与需求对应关系非常明确。

因此，想要做好商城载体，必须做好选品，合理定价，设计高点击率的商品主图，商品详情页优化原则正确，且具备同时获取销量及好评的运营水平。

（二）转化渠道

除了按照具体载体进行划分，也有业内人士对载体进行了更为概括性的归类，即分为内容端与商城端两块。内容端是指来自短视频/图文、直播载体的流量与订单，而商城端是包括非内容端的所有流量与订单。无论是哪一类划分，其对应的渠道都是一致的。此外，店铺还可以通过"精选联盟"来实现内容端的外部扩张，并通过提升商品卡的搜索流量与"猜你喜欢"推荐，实现商城端的增量。

1. 精选联盟

精选联盟是抖音对接创作者与商家共同推进兴趣电商发展所建立的信息物理系统（CPS）双边平台。在精选联盟中，商家可以给自身的商品设置一定的佣金，将商品添加至精选联盟商品池中，供达人选择推广。而达人则可以在精选联盟中选择商家的货品，将其添加到自己的橱窗中，并通过短视频或直播等形式进行推广，为商品放大声量，助力产品的销量提升。

2. 商品卡片

商品卡也称商品卡片，是商城页面中以小卡片作为展示商品的一种形态表现（图4-2）。商城的流量来源稍显复杂，不仅因为商城平台的展位较多，并且经常会出现多个渠道交叉汇集的情况。例如，商城首页包含"商城推荐"与"猜你喜欢"两个版块，所以业内通常将非直播间和非短视频/图文载体的销售来源统称为商品卡销售。商品卡的概念免去了对复杂渠道的划分，在行业内被普遍使用。

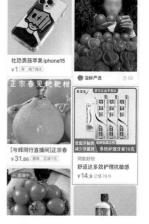

图4-2　商品卡片样式

在抖音商城中，给予商品卡曝光的展示位较多，其中主要的展示位包括商城首页展示位、导购页面展示位、活动页面展示位、详情页底展示位、交易完成展示位、我的订单展示位（待支付、待发货、待收货/使用、评价、售后）。如果商家店铺被用户收藏，则可以在关注店铺页面中展示店铺信息（图4-3）。

图4-3　商品卡展示位一览

进入商城首页，可以看到商城页面的上半部分包括了导购页面展示位、活动页面展示位，该展示位可以算作"商城推荐"，"商城推荐"的资源通常需要商家申报活动才能获得曝光机会。商城页面的下半部分则是"猜你喜欢"展示位，除了首页之外，"猜你喜欢"展示位还会出现在交易完成展示位、详情页底展示位、"我的订单"等各类页面中（图4-4）。

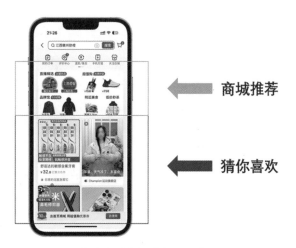

图4-4　"商城推荐"与"猜你喜欢"模块划分

对于一般卖家来说，想要做好商品卡销量，需要依赖"搜索"与"猜你喜欢"的流量推荐。在抖音商城，绝大多数商家通过运营"搜索"与"猜你喜欢"的流量收获了大量订单。"搜索"流量是指用户通过商城首页中的搜索框进入商品卡片的流量，"猜你喜欢"则分布在上述提到的展示位中。商家想要获得"搜索"与"猜你喜欢"的流量推荐，需要提高店铺评分，拉高产品销量，做好标题优化，参与活动报名，提升文案与商品图片的点击率。

三　店铺评分

目前，抖店的评分通常是指店铺体验分，店铺体验分是抖音商城和商家用来衡量店铺整体运营水平的参考分值。

1. 体验分的展示形式

店铺的体验分有两种不同的展示形式。商家进入"抖店后台"的"店铺"后，会呈现店铺的具体体验分数。商家后台端的体验分数为百分制，最高得分为100分，最低得分为50分，新店铺需要在店铺的近30天内有效成交30单后才能获取体验分值信息。商家可以在该页面对体验分进行诊断，进一步按照系统诊断结果和建议，提升体验分。在消费端中，店铺体验分被称为"店铺口碑分"，它展示在商品的详情页以及店铺首页。店铺口碑分为5分制，最高为5分，最低为3分。

店铺体验分与口碑分属于同一套计算系统，只不过存在一定的比例换算关系。当店铺体验分为50分时，对应店铺口碑分为3.0分；当体验分为50~60分时，每提升1分，对应提升店铺口碑分0.1分；当体验分达到60分时，店铺口碑分为4.0分；当店铺体验分超过60分后，店铺分每提升4分，对应店铺口碑分提升0.1分。例如，店铺体验分为61~64分时，店铺口碑分为4.1分，以此累积。

上述店铺体验分的两种展示形式，是综合考虑商家与消费者不同需求后所确定的结果。对于消费端而言，消费者需要尽可能简洁的数值来辨别商家的综合情况，而对于商家而言，准确的数值能够帮助其更细致地了解分数波动趋势，以完成精细化运营。

2. 体验分的构成

商家的体验分由店铺近30天所统计的商品体验分、服务体验分和物流体验分三组分数加权计算得出，分数更新时间为每天中午12点。根据不同的品类，三组分值的权重不同（具体可查询抖音电商学习中心《商家体验分规范》），但一般来说，商品体验分权重较大（图4-5）。

图4-5　抖店体验分构成方式

值得注意的是，目前有三种订单不列入店铺体验分的考核，分别是：①福袋、赠品订单不参与体验分计算；②实付金额≤2元的订单不参与体验分计算；③异常订单（包括刷单/刷评/其他作弊行为等违规订单）会从体验分考核中剔除。

商家的体验分包括三个大权重指标，每个大权重指标下又细分了多个考核指标。其中，商品体验分考核商家的"商品差评率+商品品质退品率"；服务体验分考核仅退款自主完结时长、退货退款自主完结时长、售后拒绝率、平台求助率、IM平均响应时长、IM不满意率；物流体验分考核24/48小时支付揽收率、订单配送时长、发货问题负向反馈率。具体考核指标解释与考核说明可参考表4-2。

表4-2　店铺体验分考核详情表

权重指标	考核指标	指标说明	备注说明
商品体验分	商品差评率	近30天商品差评订单数除以近30天物流签收订单数	差评率只记录用户在单独订单中的首次评价结果，若用户出现变更评价等级的情况，后续评级不被纳入差评考核中。但出现"恶意差评"，以及由于用户失误导致评价错误，具体表现为"商品评分为差评，评价内容为好评"的情况，商家均可以在"店铺保障"—"举报中心"—"异常评价"对该类评价进行举报，通过则会剔除该类考核
	商品品质退货率	近30天物流签收订单中因为商品品质产生退货退款、发货后仅退款、换货的订单数除以近30天物流签收订单数	品质退货率只记录用户首次申请售后原因，若用户出现变更售后原因的情况，后续售后原因不被纳入品质退货率的考核中
服务体验分	仅退款自主完结时长	近30天每条仅退款售后单中等待商家操作时间总和除以近30天仅退款订单量	等待商家操作时间为消费者申请退款到商家确认的时间
	退货退款自主完结时长	近30天每条退货退款（含换货）售后单中等待商家操作的时间总和除以近30天退货退款（含换货）订单量	等待商家操作时间为消费者申请退货到商家确认＋商家退货物流签收到商家确认时间之和
	售后拒绝率	近30天已完结的发货后售后订单中最后一次有效售后单结果为拒绝的订单量除以近30天已完结的发货后有效售后订单总量	
	平台求助率	平台求助率＝近30天支付订单中产生投诉或纠纷商责的订单数除以近30天支付订单数	
	IM平均响应时长	近30天工作时间消费者与商家飞鸽对话轮次的回复时长之和除以近30天工作时间人工咨询对话轮次总数	只考核发起时间在8：00：00—22：59：59的人工客服会话，若用户发消息后客服未回复，本轮回复时长记10分钟
	IM不满意率	近30天IM有效会话差评（1~3星）数除以近30天IM有效会话评价数	只考核发起时间在8：00：00—22：59：59的人工客服会话
物流体验分	24/48小时支付揽收率	48小时支付－揽收率为近30天支揽在48小时内的现货订单数除以近30天应揽收现货订单数 考核48小时揽收率的类目：配饰、服饰配件、潮品鞋服、定制珠宝文玩、二手奢侈品、鲜花速递/花卉仿真/绿植园艺、花卉/绿植盆栽	①支付－揽收率只考核店铺所在的体验分赛道（店铺体验分赛道是店铺近30天最高销量品类的对应类目），而不考核店铺所销售的具体品类。例如，店铺既出售鲜花，同时也出售一些数码产品，如果店铺体验分所属赛道为鲜花速递，则支付揽收率按48小时支付揽收率计算； ②支付揽收率考核只考核现货订单，预售订单、无须发货订单、定制类订单不参与计算； ③揽收时间按快递单位扫码揽件，录入系统配送信息的时间计算
		24小时支付揽收率为近30天支揽在24小时内的现货订单数除以近30天应揽收现货订单数 考核24小时揽收率类目：非48小时考核类目	

权重指标	考核指标	指标说明	备注说明
物流体验分	订单配送时长	近30天签收订单配送时长之和/近30天签收订单量。 注：当快递到达取件驿站后并且用户收到取件码后呈现"待取件"状态，也算作签收状态	订单配送时长是指订单从物流揽收到物流签收所用时长。考虑到存在偏远地区与配送路况等原因，以下三种情况不纳入订单配送时长考核： ①配送公里数超过3600千米； ②发货地位于内蒙古、新疆、西藏、宁夏、海南、青海，且配送公里数超过700千米； ③发货地位于黑龙江、吉林、甘肃，且配送公里数超过2000千米
	发货问题负向反馈率	近30天支付中产生发货问题负反馈的订单数除以近30天支付订单数	现货承诺发货时效内"发货慢"的负反馈不计入考核，预售订单支付后48小时内"发货慢"的负反馈不计入考核

最后，当出现不可抗力等因素导致上述部分指标无法达成，或达成不理想的情况，商家可向平台提交豁免报备。报备路径为"店铺"—"店铺保障"—"报备中心"。

3. 体验分的作用

体验分对于抖店来说至关重要。一方面，消费者通常更愿意选择店铺口碑分较高的店铺，店铺体验分的高低能够在一定程度上影响商品销量。另一方面，抖音商城中多数的功能如推流、商业渠道、活动申报、工具使用等，均对店铺的体验分有一定的考核要求，店铺体验分不达标则会受到诸多限制。具体可参考表4-3。

表4-3　店铺体验分权益详情表

项目分类	具体类目	体验分要求	备注
推荐	猜你喜欢	≥65分	
商城活动	平台营销活动	≥70分	
	商城频道—超值购/秒杀/新品		
	抖极频道—超值秒杀/9.9特价		
广告	巨量千川	≥60分	当体验分为60~80分时，可能会影响店铺在巨量千川的投放速度，当体验分超过80分时，则巨量千川投放不受影响
商业渠道	精选联盟	≥70分	
	商达撮合—达人专属招商		
	DFashion（数字时尚）		
营销工具	预售	≥70分	服饰类目需要≥75分
	拼团	≥75分	
	超级福袋	≥72分	
	安心购	≥80分	
功能	开通授权号	≥70分	
结算账期	70分≥店铺体验分≥50分时，结算账期为"T+10"（交易日后的10个工作日内进行结算）；店铺体验分≥70分，结算账期为"T+4"（交易日后的4个工作日内进行结算）		

第二节　选品与定价

无论商家属于有货源还是无货源的经营模式，在兴趣电商平台中，选品与定价对于电商经营而言至关重要。选品与定价工作有时需要考验商家的商业嗅觉，但更需要商家具备一定的选品与定价知识。

一＼选品

选品是指选择合适的产品上架抖店进行售卖的工作过程。选品的工作看似非常简单，但如果想要打造高流量层级或者具有一定商业利润的店铺，则需要十分注重店铺的选品工作。

可以把线上店铺想象成一家实体商场的店铺，当商家确定在商场开店后，并不是只需装修好店铺，再在店铺中摆放上自己偏爱与熟悉的，或者具有一定供应链优势的商品，就能吸引消费者前来购买。

首先，商家需要了解该商场主要面向的人群大概有哪些社会属性特点及偏好。其次，商家需要了解不同楼层的人流量情况；同时，商家还需要了解商场内同行与竞品的营销情况。最后，商家需要考虑店铺是否有能力承担所售卖商品的售后工作。

如此来看，实体店铺与线上店铺有诸多的相似点，具体如下。

第一，平台调研相似。线上店铺也需要做好线上主流人群调研，需要了解清楚使用抖音商城的主要是哪一类人群，他们喜欢在抖音商城买哪些东西，而不能根据自身的偏好以及利润选择售卖商品。例如，某商家在三文鱼品类中具有显著的供应链优势，产品利润可观，但是商城的主流人群喜欢吃辛辣刺激的食物，这可能会导致该三文鱼商家难以实现最终的盈利。

第二，流量层级调研相似。实体商场的每一楼层都有不同的客流量，线上商城也是如此，店铺所属的类目不同，流量层级存在较大的差异，商家需要确定自己的店铺类目标签，思考到底要把店铺开在哪个流量层级中。

第三，竞品调研相似。商家也要时刻关注大盘，了解自身的竞争对手爆品、行业内的风向，以确保自身在竞争中保持一定的优势。

第四，收支调研。店铺收入取决于商品的销量与定价，而店铺支出在除去产品出厂成本的基础上，还包括运维售后与推广支出。运维售后支出是需要店铺重点考量的议题，不同品类的运维售后支出不同，例如，女装类目与一些低客单的日用品，其整体售后与运维支出要远大于一般品类，所以在考虑选品时，不能忽略不同品类的运维售后支出。

（一）调研渠道

在开始介绍选品工作的一般操作前，需要介绍抖店商家常用的调研渠道。除了前文介绍过的精选联盟，这里再介绍三个渠道，具体如下。

1. 抖音电商罗盘与巨量云图

抖音电商罗盘与巨量云图均是字节跳动官方为助力各类型商家、达人有效经营抖店所推出的电商数据平台。在抖音电商罗盘与巨量云图中，商家可以查看抖音电商平台中整个电商大盘的经营数据情况，也能够查看不同品类在不同载体之间的经营状况，还能了解店铺之间的竞争情况。除此之外，抖音电商罗盘的"商机中心"与巨量云图的"商品趋势"还可以为商家选择蓝海产品提供一定的依据。可以说，抖音电商罗盘与巨量云图是商家必须了解的重要调研渠道。

2. 抖音搜索

对于还没有入驻抖音电商的商家来说，如暂时无法使用抖音电商罗盘与精选联盟平台，那么抖音App右上角的搜索功能，也能快速帮助商家了解一些品类或产品的销售趋势。

第一步，在搜索框中搜索想要了解的产品或品类。

第二步，选择导航栏中的"商品"。

第三步，打开"筛选"，根据品类特点进行细致检索。

第四步，选择不同的排序，并记录靠前商品的图片、标题、品类特征等，作为选品参考。

3. 1688平台、拼多多平台及抖音供应链管理平台

目前，多数无货源模式的商家使用1688平台与拼多多平台来了解货盘、选择货源，当然，抖音供应链管理平台也是不错的选择。1688平台是阿里巴巴集团旗下的一款主打批发采购的电子商务平台，拥有较完善的批发与分销资源，商品质量通常可靠，但大量商品单价较高，利润空间少；拼多多平台是目前主流的电商平台之一，商品类目较多，商家也可以在拼多多了解各类产品的销售情况，合理挖掘商机向抖音商城移植或复制，但选择拼多多作为货源渠道，需要注意与商家洽谈好无痕代发，否则将存在被平台处罚的风险；抖音供应链管理平台是抖音官方为无货源商家提供的货品供应渠道资源，在抖音供应链管理平台不用过分担心无货源的违规问题，但目前该平台货品类目有较大的待扩充空间，价格优势不明显。

（二）类目情况

通过抖音电商罗盘与巨量云图，商家可以查看抖音商场收录的所有类目的大盘情况。目前，抖音电商对商品进行了分类，第一级类目是行业类目，第二级与第三级类目是品类细分。图4-6中最左侧一列是一级行业类目，中间一列为二级品类类目，最右侧一列的具体款式产品属于三级类目。

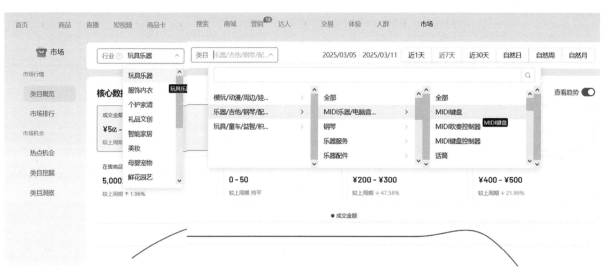

图4-6　抖音电商类目划分展示图

想要进一步了解不同类目在抖音商城中的具体销售情况，可以在巨量云图中查看。具体操作如下（图4-7~图4-9）：

第一步，打开巨量云图官方网站，并注册登录，未进行店铺注册的用户可以选择商家体验版。

第二步，在顶部导航栏中，选择"商品"，再在左侧栏目中选择"近期选品参考"。

图4-7 巨量云图类目调研操作步骤一

第三步，在"近期选品参考"页面中，选择日期周期（非季节性周期性品类默认近30天即可），再选择目标类目进行筛选。

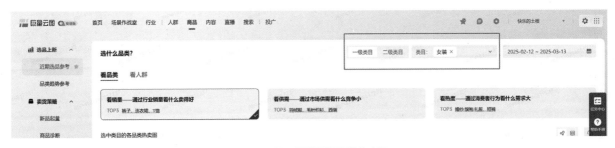

图4-8 巨量云图类目调研操作步骤二

在完成类目选择后，需要注意页面中出现的"看销量""看供需""看热度"三张咨询选项卡，建议新商家重点考察"看热度"与"看销量"选项卡，有一定电商经验的商家可以选择"看供需"对平台商品销售情况进行分析。页面中的三张选项卡中，都为用户提供了涵盖商品的热点、卖点、价格、款式的可视化数据洞察。

图4-9 巨量云图类目调研操作步骤三

巨量云图可以帮助商家对具体类目的总销售规模、竞争情况、需求空间、新品贡献度、偏好人群建立基础的了解。除此之外，如果商家目前没有明确的类目选择，除了要了解类目的销售情况，还需要了解主流类目的一般经营特点。

1. 3C数码家电

3C数码家电行业比较特殊，该行业的产品既包括高客单的影音电器、手机、计算机，也包括低客单的3C数码配件、计算机外设等。不同二、三级类目的客单跨度较大，但总体表现出低复购率、低利润率、高成交周期、品牌效应严重，该类产品依赖内容端作为流量驱动。

2. 食品饮料

食品饮料行业品类丰富，消耗较大，2023年同比增速明显，有一定的复购率，受众面广。但部分产品季节效应明显，且客单价相对较低。平台对该类目产品的营销描述比较严格，且根据不同的描述会涉及对各类资质、证书、报告或授权的考核，需要商家对广告法有一定的了解。

3. 服饰内衣与鞋靴箱包

服饰内衣是抖音商城流量与热度最高的行业之一，鞋靴箱包的销售份额也相对可观，但服饰鞋靴与内衣箱包需要分开进行讨论。服饰鞋靴类目销量高，有一定的溢价空间，且内容驱动效益高，但该类目存在竞争充分的现状，同时整体销售工作量大，不仅对货品上新率要求较高，同时对品控要求非常严格，退换货比例位居前列；内衣箱包类目溢价空间大，有一定的销量，退货量相对较低，但整体销售呈杠铃形状销售分布，杠铃的两端分别是有品牌标识的内衣箱包产品与超低价内衣箱包产品，均更适合厂家自行经营。

4. 智能家居

智能家居类目涉猎较多。总体来看，智能家居有一定的潜力，在内容端、商城端都有较大的增长空间，但不建议无货源的电商新手选择其二级类目中的居家日用类目，尤其是低客单家居货品，虽然动销简单，但整体利润低、售后复杂，差评率也较高。

5. 鲜花园艺、生鲜

非源头和非厂家运营时不建议涉及鲜花园艺、生鲜类目，这类类目对供应链要求较高，否则高耗损的同时带来高差评率，整体店铺运营将会十分困难。

6. 玩具文创

玩具文创类总体竞争与利润均一般，但不同的玩具文创产品之间存在较大的差异。主流的玩具文创产品销售市场可观，但可能涉及诸多的侵权风险，要求商家具有一定的资质和授权证明。建议抖店新人优先尝试小众非标品的玩具文创产品，在定制化的内容与精准推送的双重打法配合下，有一定的经营潜力。

7. 母婴宠物与个护家清

母婴宠物与个护家清属于电商平台中经营起来相对省心的类目，有一定的经营和包装空间，品牌效应适中，在内容端与商城端都有不错的转化能力，但需要注意该品类的定价。

8. 美妆护肤

美妆护肤类目具有"三高"特点，分别是销量高、利润高、竞争高，且品牌效应明显，不建议未获得品牌商家授权的店铺经营该类目。如果非常中意美妆护肤赛道，可以尝试选择一些使用场景非常垂直，且面向男性的美妆护肤产品进行包装售卖。

以上是几类主流一级类目的经营特点，新手商家可以根据自身情况进行选择，围绕尽可能发挥自身竞争优势的原则，充分探索兴趣内容对产品的赋能价值，鼓励经营尝试小众产品，让想象力开辟新商机。

还需要注意的是，如果商家没有货源、供应链资源和丰富的运营经验，在选择品类时需要遵守以下三个准则：①选择时效性较强的产品；②选择消耗量较大的产品；③选择利润空间适中的品类。

选择时效性较强的产品，是为了避免具有长线竞争优势品类的持续性压制，商家可以灵活结合内容营销热度实现短线盈利；选择消耗量较大的产品，是因为该类产品的需求空间较大，新手在合理的经营策略下往往也能获得一定的订单量；选择利润空间适中的货品，这是因为低利润空间的产品要么没有运营价值，要么被供应链或厂家源头控制，高利润空间的产品则具有明显的品牌效应，非品牌商家或授权商家无法参与竞争。

（三）利润的选择

很多新手商家在选品过程中，往往倾向于选择"薄利多销"或者"货损起店"（亏钱售卖产品）的经营策略，这两套经营方案放在传统电商平台中有一定的可行性，因为传统电商平台是较为纯粹的交易平台，店铺的自然流量来源非常单一，主要依靠平台的资源倾斜。如果店铺积累了优秀的各项经营数据，平台就会供应更多的流量资源，平台资源供应越多，经营数据则会进一步提升，以此实现良性循环。

但在兴趣电商模式下，店铺的自然流量并不局限于商城平台，优秀的直播、短视频/图文内容也能够成为店铺商品的优质流量渠道。所以在兴趣电商的逻辑下，薄利未必等于多销，货损起店或许得不偿失。

综上所述，建议普通商家可以注重短线利润，尽量选择利润适当的产品进行售卖。该类产品通常具有以下特点：一是其客单价在品类中处于中上层；二是其通常配置了新概念、新功能、新材质的属性或有一定的噱头包装，部分产品在功能属性上甚至还附加了一定的娱乐属性，非常适合兴趣电商生态。

（四）选品实操

选品的实操方法非常多，但由于不同行业、不同品类以及不同的商家条件存在较大的差异，故这里仅介绍最常规的选品实操方法，以供参考。

1. 确定主要转化载体

在上一小节中，介绍了短视频/图文、直播、商城的三大载体及特点，在选品前，需要商家结合自身特点，选择其中一个载体进行重点运营。确定好载体后，进入抖音电商罗盘官网，登录后在导航栏右侧选择"市场"（图4-10）。

图4-10　电商罗盘选品实操步骤一

进入"市场"页面后，不断筛选所计划的一、二级类目，并在每次确定后下拉页面（图4-11）。

下拉页面后，会出现"载体分析"版块，该版块能够分析出目标品类在不同载体中的销售占比。最后，将目标载体中成交占比较高的类目罗列出来，再根据商家具体情况，确定出一个二级类目。请注意，每个店铺账号尽量只销售同一个二级类目中的产品（图4-12）。

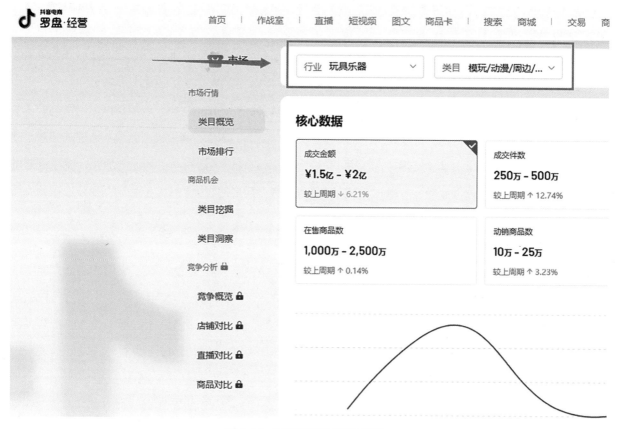

图4-11　电商罗盘选品实操步骤二

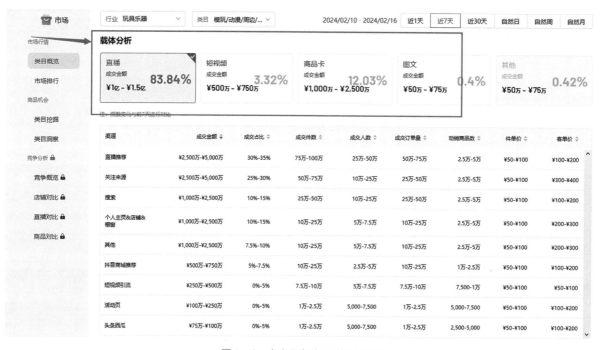

图4-12　电商罗盘选品实操步骤三

2. 确定产品范围

在确定二级类目后，同样在抖音电商罗盘的界面中，选择上方导航栏"搜索"，在搜索页左侧选择"行业搜索词"，并在页面"热词榜单"中选择"看后搜热词"，点击"搜商品"，输入所确定的二级类目名称，结束操作后，页面中会出现该类目中的热门商品。

完成上述操作后，可将几款热卖排行靠前额产品图片进行下载保存（图4-13）。

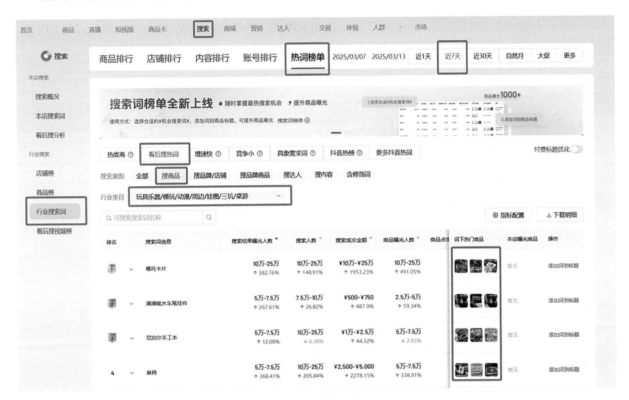

图4-13　电商罗盘选品实操步骤四

3. 筛选产品款式

筛选产品款式分为有货源模式和无货源模式。有货源的商家尽量选择与保存图片中的商品在功能、外观相似的产品进行包装上架，在条件允许的情况下，尽量突出一定的差异化特点或代差优势。无货源商家在图片保存后，需要开始对这些图片所对应的产品进一步筛选，筛选时可以打开供货平台链接进行，常规的供货平台包括拼多多平台、1688平台，但细分类目也有其他优质的供应平台，可以自行了解。

4. 确定产品质量

在选品的过程中，考察产品质量是非常重要的环节。对于无货源新手商家而言，最好的办法就是直接购买目标商品，亲自评测该商品的质量和功能情况。如果不打算直接采购商品，可以在同款商品在不同店铺中的评论区进行调研，重点考察商品的差评比例以及差评内容，若差评比例过高，或者差评内容中消费者表示该产品有明显质量问题，可以直接排除其作为目标产品。

5. 确定源头厂家

无货源新手商家还需要注意锁定备选商品的源头厂家，尽量避免中游同行或中间商产生的环节利润。确定源头厂家时可以参考以下方法。

（1）品类筛选法。在货源平台中，搜索目标备选商品图片，找到同款或相似款商品，并选择按销量进行排序。之后分别点击高销量商品的店铺，审核其店铺商品种类，如果店铺中商品种类繁多，存在横跨多个二级类目的情况，可以放弃该店铺。重点筛选品类比较垂直、商品数量比较少的店铺。

（2）店铺信息筛选。在供应链平台找到目标商品后，可以直接点击店铺信息，在店铺的经营模式中，如果显示"生产型[已认证]"字样，且有注册的生产设备，一般可以被选为源头厂家。

（3）看实物产品中的生产信息。一般而言，在正规的商品包装中，会注明该商品的生产厂家。商家直接对目标商品进行采购，确认其商品包装中的制造或生产厂家地址，是最为稳健的筛选办法。

在外包装中确认了该商品的源头厂家后，可以直接在网络中搜索该公司/厂家的联系方式，直接与其取得联系。

6. 筛选源头厂家

确定了商品的源头厂家后，还需要对源头厂家进行筛选。尽量筛选出发货及时、品质优秀、售后可靠的厂家，可以参考不同平台中店铺的各项评分数据。若同产品的供应链端报价合适，也可以与供应链达成合作，确保商家用户的购买体验。

7. 无货源注意事项

在完成源头厂家筛选之后，需要与厂家进行代发洽谈。目前抖音官方对无货源商家有一定的限制，若在交易端出现非抖店的电子面单，可能涉及对店铺的一系列处罚。所以，无货源店铺的传统"拍单"方式已经被淘汰，无货源商家需要在与厂家沟通后，洽谈好代发事项。无货源商家可以通过线上或线下的咨询方式，与源头厂家/供应链洽谈代发业务，若源头厂家/供应链支持代发，无货源商家还需要在抖店后台完成一系列操作。

最后，根据不同载体的特点，在选品实操中还有一些额外补充的注意事项：在抖音商城载体中，尽量选择偏传统、刚需性、具有一定搜索属性的产品；在短视频/图文载体中，尽量选择无具体价格锚点的新概念产品、新奇特产品、功效性产品、快消类、低客单、潮流噱头型产品；在电商直播载体中，尽量选择有情感附加值的、适合评测的、有一定品牌知名度的产品。

二 \ 定价

电商产品定价是一项既复杂又具有挑战性的工作。在微观经济学中，传统市场商品的定价可以参考供需曲线获得一个价格区间，而兴趣电商的定价有时候既受供需关系的影响，还受非理性的情绪影响，这也是兴趣电商的魅力之处。

（一）价格带

在电子商务中，价格带是指某一类商品或服务的价格范围，它的构成因素非常复杂，在抖音电商罗盘中，平台对不同类目中的不同商品进行了"价格带"统计。商家可以先简单地将价格带理解为"受众对某种商品的价格接受区间"。

在抖音电商罗盘的顶部导航栏，选择"商品"，之后在页面的左侧选择"商品榜单"，最后在筛选面板中根据自身需求进行项目选择。选择结束后，商家可以在商品标题下方看到热门商品的价格区间。商家可进一步在商品列表中通过不断筛选，找到与计划商家产品的同款产品或同类产品的价格带（图4-14）。

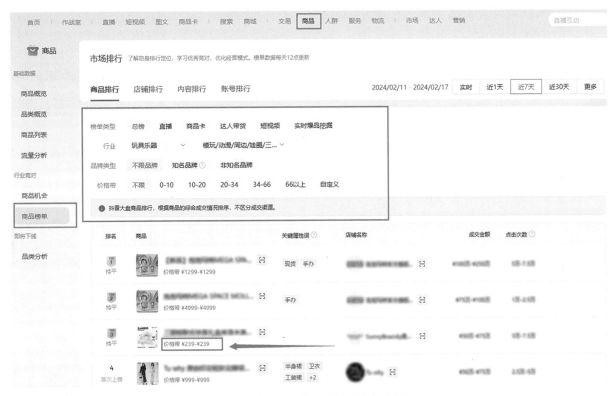

图4-14 抖音电商罗盘价格带查询操作步骤

了解价格带是定价工作的第一步，商家必须先调研计划上架的商品，包括其在抖音平台中用户对该类产品的价格接受范围如何，并围绕价格带进行定价。在这个过程中，有以下几个要点需要明确。

1. 不要过分低于价格带

部分电商新人会存在一个误区，认为只要将产品定价设置远低于价格带，店铺商品便会获得足够的竞争优势。实际上，当商品的定价远低于系统给出的价格带时，可能会出现搜索流量不理想的情况。例如，某款手机价格带为5000~5500元，如果商家定价全新机为3000元，则可能被平台判定为风险商品，导致在商城搜索流量中或许并不会有较前的排名。

2. 不建议取价格带的中间值

若商家运营的主要渠道为商品卡，在定价的时候尽量不要取价格带的中间值，因为用户如果想要更好的服务和品质，可能会选择价格带中的较高值去购买，如果用户想要追求性价比，可能会选择价格带的低位进行消费，因此对大多数品类来说，选择价格带的中间值未必是一个好选项。

3. 合理SKU设置，覆盖价格带两端

在多数品类中，商家可以通过SKU的优化，让商品的定价覆盖价格带的高、低两端，低的一端可以是热卖单品，高的一端可以是套餐、组合或升级款/差异配色款。例如，某款玩具的价格带为50~100元。商家可以直接将此款玩具设置为50~52元，切中价格带的底端，另外设置一款SKU，将该玩具与

某款配件或者服务搭配组合，也可以选择通过不同颜色或同类代差产品，或者直接双份折扣出售，定价为85～95元，切中价格带的顶端。

当然，价格带仅作为一个定价参考，并不适用于所有的产品定价，所以定价工作还需要根据具体情况进一步考虑。

（二）成本构成

当商家具备研发和生产能力，能够完成产品的迭代和上新时，或当计划上架产品在抖音商城中缺少价格锚点的时候，商家无法根据价格带进行产品定价，这就需要商家提前了解商品在抖音商城中的各项支出，以正确估算出商品运营成本，从而决策出最终的定价。

商品的运营成本根据不同的载体策略，会有较大的差异。

1. 商城卡载体

在商城卡载体中，商品的成本主要包括商品出厂价、物流开支、运费险支出、商家技术服务费支出、优惠券、投流推广支出、后勤与耗损。其中，运费险支出与投流推广支出是非必须性商家支出，可结合自身需求决定，优惠券是较为推荐的营销工具，可以根据品类的不同情况确定具体成本。

商家技术服务费用是抖音商城平台向所有商家收取的服务费用，技术服务费从商家每笔订单的结算货款中直接进行扣除。平台向商家所收取技术服务费的结算公式如下：

$$平台收取的技术服务费 = 技术服务费费率 \times 结算基数$$
$$结算基数 = 消费者实付金额（含运费）+ 主播优惠券/红包金额 + 平台优惠券/红包金额 + 支付补贴$$

其中，平台优惠券中的商家出资让利部分金额不计入结算基数；商家券金额不计入结算基数；支付补贴中的商家承担部分不计入结算基数。结算费率是由商品所在的类目所决定的。

2. 短视频/图文载体

在短视频/图文载体中，如果商家不采用达人矩阵战略，那么商品的成本主要包括商品出厂价、物流开支、运费险支出、商家技术服务费支出、优惠券、投流推广支出、耗损、拍摄支出。以上支出均建议考虑为必须支出项，其中投流推广主要用于推广商家的爆款短视频/图文内容。

如果商家采用达人矩阵战略，还要在上述金额的基础上额外增加达人佣金，具体可参考精选联盟同品类产品中的佣金比例，一般中低客单价的产品利润佣金比例（会有波动）为8%～30%。

3. 直播载体

在直播载体中，商品的主要成本包括商品出厂价、物流开支、运费险支出、商家技术服务费支出、优惠券、福袋支出、投流推广支出、耗损、团队或主播的提成。

以上三个载体既可以单独运营，也可以同时运营。但无论采取哪一类载体，都要了解清楚目标商品是否适合该载体营销。

（三）利润区间

由于不同品类、不同策略存在较大的区别，很难从利润率的角度给出利润建议，如一般中低客单的产品，利润率可以超过35%，而高客单产品如手机、平板电脑等，非源头厂家、一般渠道商很难达到35%的毛利率。

除此之外，在确定利润前，还需要认识到：第一，商品的利润主要参考竞争对手或竞品的利润，而非同品类利润。第二，利润并非一个固定数值，而是一个可浮动的区间范围。例如，某款保温杯行业利润率为40%，而商家销售的保温杯是一款具有潮流IP属性的杯品，该产品的主要受众实际上追求的是IP价值或社交价值，而非仅仅是保温杯本身的使用价值，所以保温杯的定价可以参考文创产品的利润率水平，不需要参与普通保温杯品的竞争。同时，该产品的利润也是会有浮动的，可以采取先涨后降或先降后涨的定价策略，来带动不同的流量和销量。

1．竞品利润调研

首先，要明确商品的具体竞品，有时竞品是可以跨品类的。其次，做好该竞品的利润率调查，重点可以参考相似工艺、相似外形产品的厂家报价与实际购买利润，计算行业的平均利润水平。例如，商家可以在抖音商城中，直接统计出产品竞品中销量前10的产品售价范围与材质工艺，并做好记录，之后寻找与竞品产品中相似外观、相似材质的产品报价，统计其利润均值，可作为利润参考。

2．利润区间

有些第三方平台可以记录某款商品的价格与销量浮动，重点考察在哪个价格区间该产品的销量不会出现明显下滑，该价格区间可以考虑作为商家商品的利润区间。

在大部分品类的运营中，商家需要采取先降后涨的利润策略，通过低价迅速做高商品销量，再利用销量背书，换取更高的涨价空间，这一点利用了多数消费者倾向于在高销量店铺成交的保险型消费思维。

3．利润与策略

若产品计划布局达人矩阵或付费直播，需要提高利润率或者选择利润更高的产品，一般来说，中、低客单的标品在纯自然流策略下，利润率需要保持在30%以上；中、低客单的标品在微付费模式下，利润率需要保持在35%以上；中、低客单的标品选择纯付费推流模式则需要将利润率控制在50%甚至更高。

第三节　商品上架

将商品上架至抖店是店铺运营的核心环节，在商品上架过程中，要重点关注商品的标题、主图和文描（即商品详情描述），这三点分别对商品的搜索排名、点开率、转化率有一定的影响。

一　商品上架

将商品上架至店铺首先需要在抖店后台进行商品创建。商品创建包括以下几个步骤。

第一步，打开抖店后台，找到右侧的"商品"功能栏，选择"商品创建"（图4-15）。

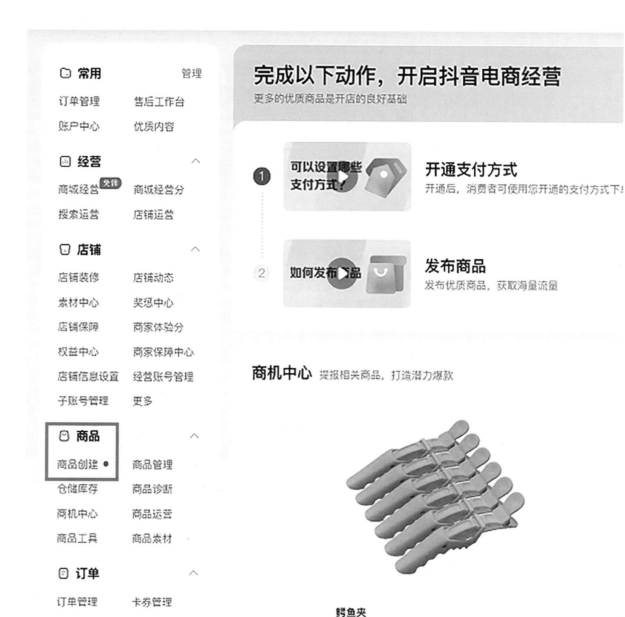

图4-15　抖店商品创建操作步骤一

第二步，选择"商品创建"后，按照平台给出的规范要求上传主图与辅助图，商家最多可上传1张主图、4张辅助图，如果条件允许，建议商家将5张图片全部上传。目前，平台要求所上传图片大小不能超过5M，最小宽度为600像素，最小高度为600像素。完成好商品图片上传后，在该页面中，需要继续选择商品所在的类目，商家务必明确商品所属类目（图4-16）。

第三步，填写好商品标题，商品标题最多填写30个汉字（60个字符），建议商家将30个汉字有效填满关键词，并将商品的各类基础信息补充完整。

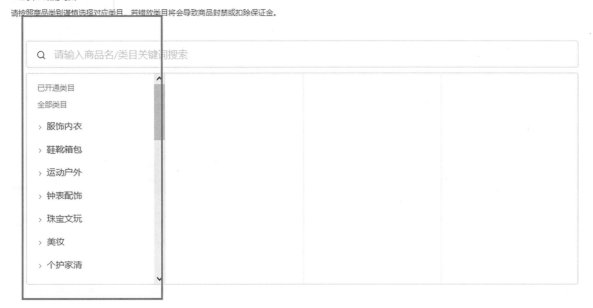

图4-16　抖店商品创建操作步骤二

第四步，填写库存与物流信息，其中新手商家不支持预售模式，发货尽量选择48小时内发货，请确保商品货源充足。

除了商品链接的创建，建议卖家同时对抖店进行店铺装修，品牌卖家可以自行订制店铺风格，一般卖家可以直接套用平台给出的各类模板，以优化用户的购买体验。

二　标题优化

站在消费者的视角，当消费者计划主动购买某款商品时，通常会先在搜索框中搜索该商品特点或具体需求的关键词。如果商家的标题能与消费者的需求与目标关键词高度对应，那么商品的搜索曝光率会大幅提升。搜索流量是转化效率最高的流量类型之一，所以务必要重视商品标题的优化。

在介绍如何对商品标题进行优化之前，需要首先知晓并避免以下三种标题填写行为。

1. 尽量避免系统推荐输入

在商品标题输入页面中，系统会根据商品类目自动推荐该类目的热搜词，并且为商家提供"一键全选"的功能，帮助商家快速完成商品标题的撰写。但需要注意的是，这种方法未必能生成出一条优质的商品标题。

2. 不要移植其他平台热卖同款的标题

虽然不同平台之间存在或多或少的用户重叠，但每个平台仍存在一定的用户偏好差异，直接移植同款商品在其他平台的热卖标题未必可取。

3. 不要违反抖音商城平台的标题规则

常见的标题违规包括：标题含有多个不同品类的主体、使用错别字进行作弊、出现无关的符号。其他抖音商城平台的标题规则可以前往抖音商城查阅《商品信息发布规范》自行了解。

（一）标题的结构

不同的产品类型对应不同的标题结构，目前产品类型主要分为三类，即标品、非标品和半标品。

1. 标品标题

标品是指具有统一标准、规格和属性的商品。这类产品在市场上具有明确的型号和规格，消费者可以很容易地比较不同品牌之间的价格和性能，如手机、电脑、空调等。

标品标题通常比较简单，有固定的参数和规格，商家可以从产品规格和属性词中挖掘出搜索频率最高的词语进行组合。标品标题的通用结构为"品牌（型号词）/类目＋规格词＋核心词＋属性词/场景词"。如果该标品价格过高，同时在商家能够给予一些支付优惠政策的情况下，可以将优惠政策加入标题中。

2. 非标品标题

非标品是指缺少统一标准、规格和属性的商品。这类产品通常根据消费者的个性化需求进行消费，因此具有较低的可替代性，如生鲜食品、服装等。

非标品主要是面向不同个性化需求所开发的产品，所以产品本身需要与个性化需求精准匹配，需要加入"长尾词"或"冷门词"发挥效用，同时非标品产品也存在品牌非标品与非品牌非标品。品牌非标品标题的通用结构为"品牌＋属性词＋人群词＋卖点词/长尾词"。非品牌非标品标题的通用结构为"产品词/类目词＋核心词＋长尾词＋冷门词"。

3. 半标品标题

半标品是指具有一定的标准化程度，但同时又包含一定程度的个性化定制，半标品介于标品和非标品之间。这类产品通常具有一些固定的规格和属性，但也可以根据消费者的需求进行一定程度的调整，如家具、3C配件等。

半标品标题需要注意突出规格型号与卖点，并加入高频搜索的核心词进行组合，半标品标题的通用结构为"核心词＋属性词＋卖点词＋长尾词"。

为了清晰标题关键词的组合结构，业内将标题中的关键词进行了划分与归类，主要包括核心词、属性词、长尾词、卖点词、冷门词等，具体见表4-4。此外，在标题的组合顺序中，需要优先确定标题两端的关键词，因为标题两端的搜索权重更高。

表4-4　标题关键词划分表

关键词类型	说明
核心词	又称为热门词，属于主要的关键词，通常来源于热搜词，如"新款羽绒服""女款休闲"

续表

关键词类型	说明
属性词	用于强调或描述产品属性的词语，如"折叠屏""智能降噪"
长尾词	由2~3个属性词构成，有助于细分产品特点的词语，如"运动蓝牙耳机""专业合身外套"
卖点词	有关产品鲜明特点的词语，也包括能够提升品牌形象的代言人、知名品牌、联名等
冷门词	冷门词是搜索量相对较低的词语，是为了进一步精准定位行业深度用户的词语。例如，在电脑键盘领域中，"单键开凿"就属于冷门词，插入该词是为了精准定位到该品类的深度用户

（二）热词检索

在了解了标题的通用结构后，下一步工作是在标题结构中放入各类搜索权重比较高的"热词"，这一步工作十分关键，商家可以通过抖音电商罗盘完成。

第一步，打开抖音电商罗盘官网并登录，选择顶部导航栏中的"搜索"，再点击页面左侧的"行业搜索词"，根据产品类目选择合适的类目（图4-17）。

图4-17　标题热词筛选操作步骤一

第二步，以"儿童类玩具"类目举例，在选择好相应的类目后，选择"搜索词"右上方的"下载明细"，将这一类目中的热搜词语全部下载到电脑中（图4-18）。

图4-18　标题热词筛选操作步骤二

第三步，打开下载的明细文件，删除文件中多余的排列项，仅保留"搜索人数指数""点击率""点击－成交转化率""竞争指数"几项内容。"搜索人数指数"是根据搜索词的搜索人数进行指数化处理的，指数越高一般意味着用户搜索次数越多；"点击率"是搜索词商品点击人数指数与搜索词内容曝光人数指数的比率，在明细文件中要优先筛选出点击率较高的热词；"点击－成交转化率"是搜索词成交人数与搜索词搜索人数的比率，通常也需要筛选出百分比较高的词汇；"竞争指数"是平台算法通过该搜索词所对应的商品供给、点击人数等计算出的搜索词竞争指数，该指数越高，搜索词的竞争力越强，通常需要避免在标题中出现竞争指数高的词汇。

第四步，对以上四个搜索项进行综合指标计算。可以在Excel表中的空白列插入SUM函数计算公式，公式为：

$$SUM = \frac{\text{搜索人数指数所在列} \times \text{点击率所在列} \times \text{点击成交转化率所在列}}{\text{竞争指数所在列}}$$

在运算结束后，对该列结果进行降序处理。

第五步，结合具体产品筛选出最终"公式列"中数值较高的关键词，删去与目标产品无关的词语。例如，商家计划销售的产品为"普通积木玩具"，则可删除与积木无关的词语。

第六步，将筛选出的词语套入标题结构进行组合排列。例如，按照非标品标题结构，普通积木玩具的标题可以组成"玩具 积木解压玩具 积木拼装玩具乐高积木宝宝玩具 工厂直供 儿童玩具"（电商标题格式中规定关键词间需要单独空格）。

需要注意的是，在排列中应尽可能将"公式列"结果中综合指数较高的词语放在标题的两端，并且将词语填写至标题字数的上限。

三　主图设置

在发布商品的页面中，第一步便是需要上传商品的图片。主图是发布产品的必须项，在主图上传的页面中，平台建议商家上传能够清晰展示商品正面外观的图片。主图画面通常是用户查看商品卡的第一视觉落点，一张有吸引力的商品主图能够大大提高用户对商品的兴趣（图4-19）。

图4-19　主图上传页面

（一）主图的元素

仅发布一张能够清晰展示商品外观正面的图片，实际上很难帮助商品从激烈的竞争中脱颖而出。在多数品类赛道，均存在商品主图高度同质化的问题。所以，想要制作一张能够吸引用户访问的图片，还可以在商品画面中增加更多的元素，这些元素可以包括商品的卖点与优势、售后保障、适用场景、促销信息、信用背书。

1. 卖点与优势

在主图中插入商品的卖点与优势，有利于吸引需求较为模糊的消费者。例如，某消费者仅想要一台空调，但是对空调具体功能需求尚未明确时，在主图中插入商品的卖点与优势，如"自清洁""巨省电"等关键词，能够迅速帮助消费者对某商品建立差异化认知，也有利于商家快速筛选精准客户。

2. 售后保障

在高客单商品与非标品产品的主图中加入售后保障，如"假一赔十""7天无理由退款"等内容，能够有效提升消费者对卖家店铺的信任度，提高成交转化率。

3. 适用场景

在主图的展示中，可以将商品的正面示意图与适用场景融合呈现，如图4-20所示，该空调既展示了空调的正面外观，又引入了居家亲子的适用场景，能够有效切中对亲子关系较为重视的用户。一般来说，适用场景最好能与用户需求的痛点高度相关。

图4-20　场景化主图案例

4. 促销信息

当商品同质化竞争十分严重时，主图中加入促销信息也能吸引一定的点击与转化。例如，客户已锁定某款具体型号的商品，在商城搜索框中输入具体产品型号后，如果各家店铺均能够提供相似的信用背书与售后保障，那么促销信息便是差异化竞争的突破口。通常来说，除了直接的金额优惠、活动赠礼，优质快递速发也可以归类为促销活动。

5. 信用背书

信用背书是形成店铺竞争力的基础，正品保障、明星代言、原装原封、原产地等术语都能够构成商品的销售信用背书。

（二）主图的制作

在网购平台中，获取一张同类产品主图的成本非常小，部分商家为了节省精力，会选用同款商品的爆款主图进行上传。但在没有获取明确的图片授权使用时，建议商家自行创作商品图片。

在抖店后台，选择抖店页面左侧功能栏"商品"中的"商品素材"，可以看到平台为商家准备了两项智能作图工具，分别是"商品一键成图"与"AI智能做主图"。商家应合理利用平台提供的两款图片制作工具，并在所生成图片的基础上进行二次创作（图4-21）。

图4-21 抖店智能作图工具

但在一般情况下，平台所提供的快速图片制作工具未必能创作出一张高点击率的商品主图，如商家对商品主图有一定的追求，或者该类产品已在平台非常成熟，同行有明显销量优势的情况下，商家有必要自行制作原创主图。制作的过程中可以参考以下几个要点。

1. 参考爆款主图

在开始主图制作前，需要先搜索同款或相似款式的商品，重点关注搜索排名靠前的商品卡。建议逐一点击商品卡，查看该商品评价中的买家留言是否处在一个稳定的区间，避免仅有短期评论，以及集中发布于一段时间的评论。通过审核评论区，确保该商品拥有稳定的成交数据，避免因为补单、投流等情况导致的优秀数据从而造成对主图的误判。

完成上述数据后，请记录该商品主图的具体特点，至少记录2张优秀主图。商家可将其他主图当中优秀的构图、场景、光影等特点进行交叉融合。

2. 评论区调研

参考完同行主图后，需要进一步完成评论区调研。打开同款或相似款式的商品评价，筛选评价中的有益信息，针对普遍出现的积极评价，可以在画面中具象化体现出来；针对普遍出现的负面展示，若产品能够有效规避该类负面情况，可以作为产品卖点突出宣传；针对评论区中高频出现的疑问，可以将具体答复呈现在主图当中。

3. 流量词一致

商品主图的主要信息要与高频流量词保持一致，高频流量词代表着具体需求，主图展示的信息内容最好与需求保持高度对应。

4. 建模图与摄影图

目前商品的主图主要分为建模图与摄影图，也存在建模图与摄影图结合的形式。从实践经验来看，标品与半标品品类中，建模图的优先级更高，非标品中需要突出真实性、现场感的品类，可以考虑摄影图。

5. 尽量反差

当出现同类产品主图高度相似时，商家也可以通过在主图的色调、光影、素材中引入反差性设计，利用高度反差对比，吸引视觉落点，从而实现差异化关注。

6. 避免违规

常见的主图违规情况包括内容恶意诱导、虚假宣传、违反法律法规等，商家应避免这些情况。

（三）主图的测试

制作完产品主图后，可以尝试使用抖音商城提供的"素材实验"功能。商家可以登录抖店后台，找到页面左侧的"商品"功能栏，选择"商品素材"。在"商品素材页面"，选择页面上方得到"素材实验"功能（图4-22）。该功能能够将商家所制作的主图与平台热门主图的风格与元素进行分析比较，从而给予商家产品主图的优化建议。同时，商家也能够使用该功能作为主图的细节测试，商家可在主图中频繁更换一些元素进行"AB比较"（将变体分别设置为A组和B组），以进一步了解哪些元素具有更高的竞争力，为最终定版提供依据。

图4-22　抖店"主图测图"页面

四 \ 详情页制作

商品详情页是用户点开商品卡后，向下滑动界面所见的商品具体描述性图片。商品详情页的根本目的是给予潜在消费者充分的购买理由。目前常见的商品详情页大致包含10个板块，分别是促销活动板块、卖点与优势介绍板块、痛点与场景板块、产品细节板块、产品口碑板块、产品对比板块、产品信息板块、资质与荣誉板块、售后保障板块、信用背书板块，这10个板块的信息也是消费者购买一件产品的主要理由（图4-23）。

图4-23 详情页构成板块汇总

当然，详情页的制作并非将上述10个板块进行堆砌，还有以下需要注意的要点。

1. 结合品类进行调整

不同的品类在详情页中阐述购买理由时，存在不同的顺序排列，也存在一部分板块缺失的情况。例如，在一些运动户外品类中，非品牌官方需要首要强调的是店铺的信用背书，让消费者信任从该店铺中购买到的产品属于正品产品，同时该品类中一般缺少产品对比板块。所以，在制作详情页时，建议商家优先参考热销同行的详情页排序与板块布置。

2. 设计风格需要视情况而定

在详情页设计中，一般有分体式设计与沉浸式设计。分体式设计一般表现为详情页的每个板块之间存在明显的分隔，有助于帮助用户区别不同板块的呈现内容，但容易造成阅读疲倦；沉浸式设计一般表现为每个板块之间没有明显的分割，大量板块风格统一且相互融合在一起，能够给予用户更加自然的过渡，避免阅读疲倦，但由于板块与板块之间区分模糊，用户容易丢失阅读重点。商家需要结合自身情况决定，使用不同的设计风格。

3. 避免素材侵权行为

在设计详情页时，经常会出现素材侵权的情况，频发于字体侵权，商家在设计字体时请务必确定所使用字体与素材的版权情况，避免知识产权侵占的行为。

4. 跨平台调研

详情页中除了能给出推荐购买理由，也能回答潜在消费者所关心的问题，商家可以在其他平台找到商品的互动类板块，将潜在消费者的疑问统计出来，并将疑问的解答用具象化的形式呈现在商品详情页板块中。

第四节　冷启动运营

店铺冷启动是指新创建店铺在没有初始流量与付费推广支持的情况下，通过一系列运营和推广手段以获取用户的关注和购买，从而逐渐建立起店铺的流量和销售的过程。

店铺冷启动是大多数电商运营者的基本功，也是店铺建设中较为关键的一个阶段。本节将介绍与店铺冷启动有关的概念与策略。

一　内容动销

无论是店铺权重还是商品的推流层级，抖音新店都处于一个比较初级的阶段。想要迅速突破这个阶段，提升商品的销量与点击率非常关键。如果产品本身的竞争力不是特别高，单纯依靠抖音商城流量很难提高新店新品的数据。同时，也不建议商家完全依赖自己的人脉提升商品的点击率与销量，这未必能帮助店铺/商品抓取精准的人流标签以带来持续性的精准流量推送。所以店铺运营前期建议商家依靠内容或者导入线下精准私域人群来拉动商品的点击率与销量。

（一）自营内容

商家可登录抖店后台，找到抖店主页左侧"内容"功能栏，快速利用平台所提供的"视频/图文"模块制作商品推广性内容。也可以在抖音电商罗盘中，选择顶部"直播、短视频、图文导航"选项，通过搜索店铺主推的少数单品的同品类内容列表及榜单，为内容制作提供参考。商家的单品推广内容不需要过多强调内容的趣味性，应以围绕商品本身为主，结合消费者痛点突出商品的核心优势。

在选择具体商品进行内容推广时，应优先选择带有明确的产品迭代、外观创新、潮流元素、性价比高、场景明确或社交属性强等标签的商品。如果所推广的商品具有可搭配属性，如保暖内衣搭配保暖内裤，手机壳搭配手机膜等，则更有利于提升店铺的整体流量。

商家的内容可以围绕同一个主题，频繁更换内容中的辅助性元素，制作多条相似的单品推荐内容，并按照一定的间隔时间持续性发布。当出现数据较为优秀的内容时，可考虑选择性投放"DOU+"或小店随心推App，优先以获取精准用户的点击与购买为目的。

在价格方面，内容推荐的单品必须有足够的价格优势，通常以平价或微亏的策略标定商品价格。平价策略一般是指商品按照进货价、物流、平台技术服务费三者总和定制的价格，微亏策略一般是直接按照商品的进货价格来标定价格。

（二）精选联盟合作

如果商家不擅长自营内容的创作，同时自有货源、利润空间与库存都较为充足，可以依托精选联盟平台与平台达人进行合作推广，从而拉动商品的点击率与成交量。

加入精选联盟的流程非常简单，在店铺满足一定的要求后，选择抖店后台顶部导航栏中的"精选联盟"，直接申请入驻即可（图4-24）。

图4-24　抖店精选联盟入口界面

入驻精选联盟后，商家只需要将需要推广的商品进行一定的设置，最终发布完成即可。在这个过程中，商家需要注意以下事项。

1. 发布计划

在发布商品推广前，商家需要建立推广计划，目前精选联盟平台共有3项推广计划，分别是普通计划、定向计划、专属计划。

大多数新手商家优先选择普通计划，普通计划面向的是所有符合要求的创作达人，达人基数大，但达人的内容创作水平参差不齐；定向计划适合对抖音内容生态有一定了解的成熟商家，该计划仅面向特定的达人群体，商家可以为特定的达人设置专项佣金计划，商家对销量和推广范围有一定的控制；专属计划适用于对精选联盟平台与抖音内容生态有足够了解的商家，专属计划面向特定的达人，通常商家通过专属计划与头部达人进行对接并建立计划，以实现销量与品牌传播的共振。

综上，建议新手商家选择普通计划，邀请更广泛的达人参与合作推广，实现内容矩阵化效果，并且对于一部分非标品品类来说，大量的素人、达人推荐的叠加效果或许不低于头部达人的推广效果。

2. 免费申请样品

免费申请样品是指达人在满足一定条件的情况下，可以直接在精选联盟平台向商家申请样品。通常来说，设置较低的免费申样门槛更容易获得达人的青睐，但商家仍应对免费申样的达人条件进行一定的限制，主要限制达人的带货口碑分和达人粉丝量，建议选择带货口碑分≥4.2分、达人粉丝量≥5000的达人群体申请免费样品。如果商家提供的样品客单价较低，可以选择"无须还样"，如果商品客单价较高，可以选择在结束推广后，要求达人归还样品。

3. 佣金比例

商家在发布计划中还得为要推广的商品设置合理的佣金，商品佣金的设定需要参考达人佣金与同行佣金。首先，商家可以在精选联盟首页直接搜索对标产品或同款产品，可以直接查看该类产品的佣金比例。最后，新手商家可以在精选联盟工具栏左侧找到"佣金助手"—"出佣指导"，添加商家意向的某腰部达人的昵称后，输入计划推广的商品链接，平台会自动计算出该达人推广特定商品的佣金参考范围，可以将其作为"出佣"参考。

此外，商家可以将同行的佣金套入平台出佣参考值中，查看同行佣金是否合理，如果同行佣金不在出佣指导的范围内，则可选择略高于同行佣金的比例进行设置。如果同行佣金处于出佣指导的范围内，商家可以设置阶梯佣金计划，即初始佣金略高于同行佣金，每销售一定的单量按比例提升佣金比例，最高达到出佣指导中目标达人佣金的最高值或略高于最高值即可。例如，在出佣指导中，系统计算出某达人推广产品A的佣金比例为15%～20%，同时经过查询发现同行的佣金比例为15%，那么商家可以设置达人基础佣金为16%，销售超过20单时，销售佣金比例为18%，销售50单时佣金比例为20%，以此类推，结合利润情况可直到略高于出佣指导的最高值。

二、工具与活动

除了内容赋能，商城中的营销工具与活动报名也能为商品及店铺带来一定的流量。在抖店后台左侧的工具栏中，可以找到"营销"功能栏，功能栏中既包括一系列营销工具可以使用，也可以通过"活动广场"进行活动报名，获得一系列商城扶持流量（图4-25）。

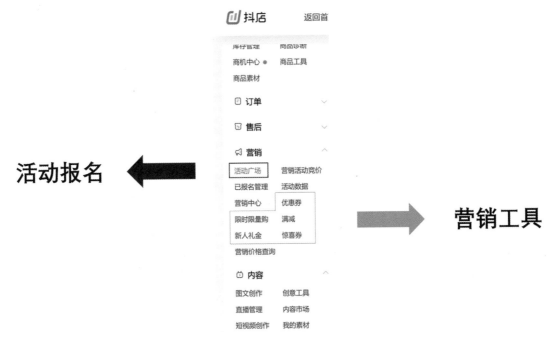

图4-25　抖店后台营销工具面板

（一）营销工具

目前，抖音商城为商家提供了一系列营销工具，包括优惠券、限时限量购、满减、新人礼金、惊喜券，并且以上各类营销工具又内置了不同用途的分类工具，具体可参考表4-5。

表4-5　抖店营销工具汇总表

营销工具	工具分类	说明	用途	场景
优惠券	通用优惠券（商品券/店铺券）	针对指定商品或全店商品生效的优惠券	刺激用户成交	适用于多数的渠道推广和营销场景
	涨粉券（商品券/店铺券）	针对粉丝用户发放的优惠券	刺激涨粉及增加粉丝黏性	适用于各种内容互动营销场景
	达人专属券（商品券）	针对合作达人发放，仅用于达人与达人直播间、短视频、橱窗的达人专属渠道优惠券	促进合作达人带货转化	适用于各种内容互动营销场景
	店铺新人券（商品券/店铺券）	针对店铺新人发放的优惠券	加速新客成交转化	适用于店铺拉新场景
限时限量购	限时限量购	针对直播间、商品详情页载体所推出的，具有氛围包装性质的促销活动	对商品进行全域降价促销，实现刺激下单转化	适用于拉动店铺GMV或打造爆品的场景
满减	满金额减	针对整体店铺设置的满减性规则	利用用户"凑单"心理，提升店铺的GMV	提升店铺总销量及拉动店铺商品整体流量的场景
	满件数减			

营销工具	工具分类	说明	用途	场景
新人礼金	新人礼金	仅向店铺新人生效的立减促销活动	加速新客成交转化	适用于店铺拉新以及获取商城推荐流量的场景
惊喜券	高潜转化用户惊喜券	向从未在本店下单，但近30天与本店有互动行为的用户发放的商品优惠券	加速新客成交转化	适用于促活、拉新场景
	店铺新用户惊喜券	向从未在本店铺下过单的用户发放的商品优惠券	加速新客成交转化	适用于店铺拉新场景
	店铺已购用户惊喜券	向近365天在本店下过单的用户发放商品优惠券	老客户唤醒与转化	适用于店铺促活、留存场景
	商品已购用户惊喜券	向近180天内购买过，且近10天内暂未复购手动圈选的商品的用户发放的商品优惠券	老客户唤醒与转化	适用于店铺促活、留存场景
	流失挽回用户惊喜券	向近365天在本店存在成交记录且近30天无购买但有互动的用户发放的商品优惠券	老客户唤醒与转化	适用于店铺促活、留存场景
	购物车营销惊喜券	向近365天有加入购物车行为，且商品处于用户购物车列表前30的用户发放的商品优惠券。 备注：近7日有架构且配置惊喜券的商品有机会获得主Feed平台分发的特权流量扶持	老客户唤醒与转化	适用于店铺促活、转化场景

对于新成立的店铺来说，在上述工具中，需要着重利用店铺新人券、新人礼金、惊喜券。其中，"店铺新人券"能够简单直接地帮助商家积累更多关注流量；"新人礼金"享受平台流量扶持，是店铺拉新的必备工具；"惊喜券"具有显著的视觉提醒效果，它出现在商城搜索结果、商品详情页、直播间弹窗、直播间小黄车等重要版面中。

（二）营销活动

在抖音商城中，商家在满足一定的条件后，可以参与报名大量商城活动。目前，抖音商城的营销活动是实时变动的，在不同的时间节点，官方会推出不同的商城活动，参报商城活动可以获得一定的商城推荐流量。

除了实时性活动，较为推荐商家参与的常驻型活动有"低价秒杀"与"超值购"活动。参与低价秒杀活动能够获得大量的商城流量，但是商家需要接受一定的亏损让利，适合营销资金充足的卖家来拉动单品与店铺的流量数据。超值购活动适合有一定品牌知名度的商家产品，平台对"超值秒购"（超值购中的秒杀活动）的流量扶持较高。

三 热词截流

对于非自产货源及同质化较高的商家来说，常规的"爆品"选品方式很难真正拉动商品的各类数据，这是因为爆款产品无论是在抖音内部的电商罗盘—商品榜单中，还是在外部第三方数据应用中都很容易被监测到，导致短期内恶性竞争的情况时有发生。

所以，若跟随"爆品"的选品方式无法刺激店铺流量，商家也可以尝试热词截留进行选品，避免商品同质化，利用截取热门关键词来提升搜索流量。商家可以登录抖音电商罗盘，选择顶部导航栏的"市场"下的"类目洞察"，进入"类目洞察"页面后，再选择页面中心的"成交增速最快"（图4-26）。

图4-26 电商罗盘—"类目洞察"入口界面

在"成交增速最快"功能中，下滑页面可以查看近期搜索量有明显增速的商品属性、价格带、关键词。结合自身店铺定位，对以上三个关键要素进行定性分析，寻找出商品属性增长较快、符合店铺价格带定位，且热门的商品卖点关键词与商品场景关键词。

梳理完成后，商家再综合这些关键词前往第三方货源平台进行选品，有生产能力的商家也可以根据以上关键词打造符合上述关键词要素的新产品。最后，商家需要制作原创的商品主图，主图中要尽量能够反映上述关键词的特征，从而实现差异化竞争（图4-27）。

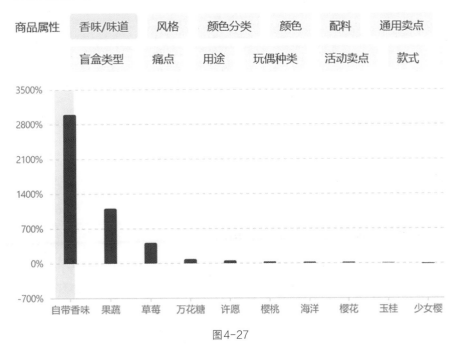

图4-27

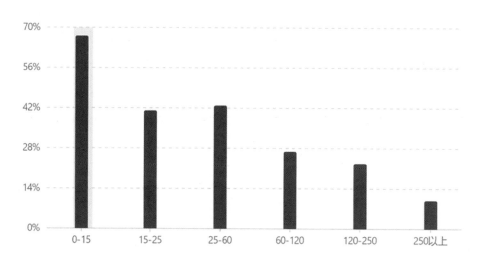

商品价格带分析

商品关键词分析

图4-27 电商罗盘热词截流选品数据参考页面

四 猜喜入池

　　在店铺冷启动中，除了选品优化与搜索优化能助力商家获取更多的免费公域流量，"猜你喜欢"也是大多数商家争取的公域流量渠道。"猜你喜欢"是平台基于用户过去的行为、偏好和兴趣进行商品推荐展示的页面，在商城界面中，当商品页面顶部出现"你可能还会喜欢"字样时，下方系统推荐商品便是"猜你喜欢"商品，其不仅有足够的流量宽度，在流量深度方面也具有足够的优势。

　　商家想要获取平台"猜你喜欢"的流量，将商品加入"猜你喜欢"的流量池是前置必要条件，业内将该过程简称为"猜喜入池"。在抖音商城中，每天都有大量商品上架店铺，但并非所有的商品都有资格进入"猜你喜欢"流量池，对于平台而言，对商品进行一定的推荐门槛与规则设置，既能够刺激商家良性竞争，也能保障消费者的购买体验，帮助消费者购买到有足够竞争力的商品。

（一）入池门槛

在商品进入"猜你喜欢"流量池前，需要先对店铺资质进行考核。根据目前规则，店铺必须处于正常营业状态，符合相关基础经营规则规定，且商家体验分不低于65分，同时店铺及其关联店铺无出售假冒商品、发布混淆信息、不当获利等行为记录。

对于一般新注册店铺而言，在上述要求中，商家体验分出分有一定难度。商家体验分出分要求店铺销量≥30单，对于新注册店铺而言，在商品不具备十分鲜明的竞争力时，仅依靠商城自然流量需要较长的时间才能达到30单销量，那么前期依靠短视频/图文、直播等内容渠道获取额外曝光则十分重要，或者商家也可以依靠私域流量快速积累销量，可通过将抖店商品分享给线下对该商品有实际需求的人，或者引导线下实体终端的用户流量导流到线上，实现快速转化。

当店铺满足基本要求后，平台会进一步对入池商品进行考核。考核按照有动销产品与无动销产品进行分类考核。在抖音商城规定中，只要计划入池商品的历史销量大于0，则符合"有动销"定义，历史销量为0则视为无动销产品。考虑到部分商品单价过高、品类过于小众，或者需求量较小，导致出单量天然较小的原因，以及一些其他特殊情况，平台针对该类情况进行了分类考量。

目前，有动销商品的"猜喜入池"门槛如下。

（1）发布规范。上传的商品主图符合规范，商品信息质量≥60分，且商品定价合理。

（2）评分要求。需要商品综合好评分≥80%，且综合差评分≤5%。

$$综合好评分 = \frac{商品好评数 + 店铺好评率 \times 50}{商品评价数 + 50}$$

$$综合差评分 = \frac{商品差评数 + 店铺差评率 \times 50}{商品评价数 + 50}$$

（3）非重复铺货商品。若出现重复铺货商品，平台优先选取最早上架的同款商品。在抖音商城官方定义中，"重复铺货"是指同一商家在同一店铺或多个店铺中发布两件（含）以上完全相同或重要属性相同的商品。具体来说，只要商家将同一商品进行分别发布即算作重复铺货商品，若某款式或某型号商品存在不同颜色（服饰箱包、鞋类、内衣配件品类除外）、不同尺寸或规格、不同附带品或赠品、不同图片，需要组合上传，不能重复上架。例如，某款水杯存在不同颜色、不同容量、不同附带品或赠品、不同风格的商品图片，都不能独立上传，需要将以上SKU发布在同一链接中。

无动销商品想要入池"猜你喜欢"，门槛相对更加复杂，除了店铺同样需要满足"猜你喜欢"流量池对店铺考核的基本要求，还需要额外满足店铺属于非风险商家，同时商品品质力合格，商品类型为普通商品。除此之外，商品还需要额外满足发布规范与非重复铺货商品的要求。

（二）入池优化

当商品进入"猜你喜欢"流量池后，并不意味着商家可以直接使用抖音商城带来的推荐流量。平台会根据入池商品的数据情况进行流量分配，主要考核商品的全域销售表现、商品转化率和服务体验3项指标，同时也会对商品的差评率、品退率进行一定考核。从实践经验来看，商品的销售表现是最为重要的部分。

目前，平台对入池商品提供了智能诊断功能，商家只需要按照诊断进行策略性优化即可，同时平台还会给出优化后的预估提升流量。诊断路径为："抖音电商罗盘"—"商品卡"—"商品卡明细"—"猜你喜欢"，找到需要优化的商品后，点击商品列表中的"操作"—"流量诊断"—"猜你喜欢流量诊断"。

第五章
抖音电商直播运营实战

课程名称：抖音电商直播运营实战

课程内容：

1. 抖音电商直播运营基础

2. 抖音电商直播运营清单

3. 抖音电商直播运营策略

课程时间： 40课时

教学目的： 以项目实践推动抖音电商直播运营的各知识点学习，引导学生在实践中学习和掌握抖音电商直播运营中的一般方法与经验。

教学方式： 任务驱动型教学。

教学要求： 要求学生以小组形式搭建电商直播团队，根据教学要求完成抖音电商直播的运营与销售训练，并记录问题与经验。

课前准备： 明确团队分工，详细学习抖音电商直播的相关知识，并根据所学内容进行直播间和直播团队搭建。

电商直播已经成为时下抖音平台转化效果领先的内容载体之一，依托于直播形式的实时互动性、高度拓展性、使用便利性等特点，商家与达人群体可以通过直播有效拓宽商业渠道。但随着直播行业发展逐步成熟，参与电商直播需要达人和商家具备一定的基础知识，方能保障直播间的良性运营。

第一节　抖音电商直播运营基础

抖音电商直播是商家或达人在抖音平台上通过直播的形式向用户销售商品或提供服务，从而获取收益的一种商业形式。既然涉及商业行为，平台必然会对商家或达人进行一定的规范化要求。为了能够更好地经营直播电商，直播团队必须提前了解抖音电商直播中的认证、功能、推流机制与规则等内容。

一　直播认证

直播认证是开播的必须流程。直播认证的过程非常简单，在抖音 App 底部的"+"功能中，点击后向右滑动至最右侧便会出现"开直播"字样，没有任何个人或企业认证的账号会出现认证提示，通过认证后才能开通直播功能。

目前，抖音直播认证分为个人与企业（蓝 V）认证。个人认证仅需要绑定身份证信息即可，企业认证则需要绑定企业营业执照等相关信息。若账号已绑定了相关认证信息，则仅需要同意直播入驻的相关条例便可开通直播功能。

不同的认证主体在直播过程中会存在不同的管理规则，主要可以归类为主播身份与财务规则的区别。目前，个人号在进行直播时，主播必须为账号所绑定身份证的本人，随意切换直播人员如被系统监测发现，会收到平台的警告或处罚，处罚通常为断播、限流、封号等；蓝 V 账号对主播的要求则比较宽松，蓝 V 账号可以实现多人直播，更适合经营体量较大的直播团队。在财务方面，个人带货账号根据政策所规定的额度进行分级纳税，若金额较小，可以按照个人劳务报酬缴纳税款；蓝 V 账号需要按照企业的规模身份及具体销售的品类或服务进行纳税。具体参见表5-1。

表5-1　不同身份认证在电商直播中的主要区别

身份主体	主播限制	纳税
个人	限制绑定人自播	金额较低可按照个人劳务报酬缴纳税款
企业（个体户、机构、企业）	不限制主播人数	按照企业的规模身份及具体销售的品类或服务进行纳税

综上来看，个人认证账号适合个人主播或带货体量较小的群体；企业账号则更适合有明确经营目的，团队化经营特征明显的商家直播。

二 功能与组件

抖音直播平台功能与工具组件十分丰富，但达人或商家未必掌握了平台主流功能和组件的具体使用方法。本小节根据功能与组件在直播电商中的使用频率进行梳理，主要介绍使用频率较高的直播功能、定位功能、试播功能、美颜功能，以及小黄车与小房子、福袋和小风车、粉丝团等直播工具组件。除了站内的功能与组件，还将介绍巨量百应、直播伴侣及巨量千川三款站外辅助平台。

（一）功能

1. 直播功能

在抖音直播的手机端页面上方，可以对直播的形式进行选择，目前抖音平台共向直播对象提供了"视频""语音""录屏（手游）""电脑"四个直播选项。

（1）视频直播。视频形式是目前绝大多数用户看到的最主流的直播形式，开启视频直播后，观众可以观看到直播设备端的实时画面。视频直播是最适合电商直播的形式，可帮助商家与受众实现面对面的实时互动。

（2）语音直播。语音形式主要包括三类，分别是聊天室、KTV、电台。语音直播主要适合兴趣向的直播，以迎合对主播个人感兴趣、对直播话题或主题感兴趣、对主播音乐感兴趣的受众为主，偏向内容直播，一般不常用于电商直播。

（3）录屏直播（含手游直播）。手游直播是主要呈现手机游戏画面的直播形式，开启手游直播后，观众可以实时看到主播手机中的游戏画面及其他应用的内容，主要面向对手机游戏感兴趣的受众群体。

（4）电脑直播。电脑直播可以满足对直播品质有一定追求的达人与商家，通过抖音直播伴侣软件，实现电脑端对直播画面的采集与控制，以实现更加优质与灵活的直播效果，一般是电商直播的首选。

2. 定位功能

在开播页面的账号昵称下方，点击"开启直播位置"可以选择显示直播位置。打开该功能后，直播间的推流路径会发生一定的改变，部分流量会以直播位置为中心进行扩散性分发，优先曝光给同城用户。

定位功能又称为同城功能，该功能并不适合所有形式的直播，非荷尔蒙型直播、非户外型直播、非线下实体商家、非本地化服务等商家不推荐打开该功能，该功能下通常用户跳出率较高，会影响直播间的各项流量数据。

3. 试播功能

在开播页面的账号昵称下方右侧，点击"所有人可见"选项可以进行分类开放直播间设置，在页面的最底部，可以找到"试播功能"，该功能便于商家和达人进行直播彩排，是主播前期试播的必备功能。

4. 美颜功能

在开播页面，可以对主播进行人像美化。目前，美颜功能十分丰富且全面，但对于商家而言，美颜功能不建议过度使用。一般主要应用磨皮、美白、清晰度、黑眼圈、法令纹以上5个功能即可。滤镜功能不适合大多数商家使用，在一定程度上会影响产品的色彩展现，建议直接关闭。

（二）组件

1. 小黄车与小房子

小黄车又称抖音购物车，商家或达人可以通过小黄车上架各类商品，并挂载到短视频与直播当中。若想将商品挂载到小黄车中，账号必须开通橱窗功能。需要注意的是，达人或商家如果在直播间中应用了小黄车工具，平台会对小黄车的各项数据情况进行定时考核，若销售情况不佳可能会影响直播间的推流情况。

小房子是直播间中表示实体店直播挂载团购商品的图标。不同于小黄车可以挂载各类商品的功能，小房子主要面向本地生活类的实体商家，包括餐饮店、美容理发店、娱乐场所等。小房子不参与定时的销售考核，但参与直播间热度的考核。

2. 福袋与小风车

福袋是平台为直播间提供的一款官方抽奖工具，直播间可通过发起福袋邀请直播间粉丝参与互动，系统将在满足条件的粉丝中随机挑选中奖粉丝，以此提升直播间互动活跃度。目前，福袋分为三类，分别是抖币福袋、实物福袋和超级福袋，每种福袋有不同的使用门槛，其中抖币福袋门槛最低；其次是超级福袋，其对账号的口碑分及认证有一定的要求；门槛最高的是实物福袋，对账号的粉丝数有一定的要求。

虽然不同福袋向用户发放的奖励有所不同，但总体来看，三类福袋的作用几乎是一致的，均是通过设置一定的福袋领取门槛，帮助直播间实现短时间的人气提升，包括拉动直播停留、引导关注，也可以设置一些口令达到强化商品卖点的作用。目前，抖币福袋作用较差，而价值更高的实物福袋或超级福袋对提升直播间数据仍有一定的帮助。但对于新人而言，在电商直播间的前期运营阶段，不建议对福袋工具过分依赖，否则容易被福袋所带来的数据假象掩盖电商直播间本身存在的数据问题。

小风车是抖音平台面向完成企业资质认证的商家直播间提供的一款转化工具。在电商直播领域中，商家并非仅销售实体商品，一部分并不适合通过小黄车进行销售的服务与项目可以利用小风车进行私域转化。为了规范商家的私域引流转化行为，抖音平台推出小风车作为私域引流的官方承载工具，通过小风车，商家可以通过正规途径获取到客户的联系方式及资料，发放团购信息引导用户线下进店，还可以通过订制网页或小程序，实现品牌推广或 App 下载。目前，小风车的客户留资适合房产、汽车、婚纱、装修、家居、咨询等高客单属性的领域，门店引流适合本地的餐饮、商超、旅游、健身、瑜伽等领域。

3. 粉丝团

粉丝团是抖音平台方便直播间组织粉丝所开放的官方渠道。在直播间中，主播可以邀请观众加入粉丝团，观众可以获取特殊的身份标识和特定的福利。加入主播粉丝团的前提是先成为主播账号的粉丝，并在直播间内消耗一定数量的抖币购买粉丝团门票才能成功加入。粉丝团对于直播来说非常重要，不仅可以实现定向开播提醒，也能为账号强化推流标签，可看作一种精准流量池的储备工作。作为一种付费形式，对直播间的实时推流具有较好的帮助作用。

（三）站外辅助平台

1. 巨量百应

巨量百应是巨量引擎旗下为字节跳动电商生态所推出的电商管理与运营平台。在抖音直播电商场景中，商家可以通过巨量百应平台进入直播中控台，实现一系列管理，如直播商品管理、直播互动、直播营销活动设置、直播数据诊断、私域经营等内容。当然，巨量百应并不完全是围绕电商直播所打造的单一平台，其同时提供了便利的电商分销与内容创作功能。

2. 直播伴侣

直播伴侣是一款专业的直播辅助工具。目前，直播伴侣覆盖了泛娱乐直播、游戏直播、电商直播、虚拟直播等多种直播类型，通过直播伴侣可以实现抖音直播过程中的各类操作，如设置直播画面参数、语音参数，添加图片、视频、音乐、特效等，直播伴侣还支持多窗口操作，可以同时在多个平台直播。

3. 巨量千川

巨量千川是巨量引擎旗下的电商广告平台。在直播电商场景中，商家通过巨量千川可以购买到精准投放的付费流量，满足不同的数据增长需求。巨量千川分为三个版本，在移动端称为"小店随心推"，操作简单，能够满足商家的浅度目标；PC端分为极速版和专业版，投放功能则更加复杂且多元，适合有一定体量和投放经验的商家，用以满足商家更为精确的战略目标。

三 \ 推流渠道与机制

抖音电商直播的流量来源非常多，根据一定的整合，可以将流量入口分为以下七类，不同的流量入口对应着不同的用户行为逻辑与曝光门槛。流量入口经营得好，能够有效拉动直播间的整体流量。

1. 自然推荐流量

抖音直播间的自然推荐流量入口包括推荐 Feed、直播广场、同城 Feed 以及其他零散的流量来源。

（1）推荐 Feed。推荐 Feed 的流量入口位于抖音 App 主页上方导航栏最右侧，是目前绝大多数短视频/图文与直播间最主要的曝光入口。推荐 Feed 会根据用户的历史行为数据，如观看时长、搜索记录、点赞、评论、小黄车浏览等动作痕迹，同时参考对象直播间在同类直播间的数据对比情况，基于赛马机制进行曝光分发。在推流路径上，直播间推荐 Feed 与短视频/图文推荐 Feed 分发路径高度一致，但增加了对电商数据的考核。

对于商家或达人而言，想要获取更多的免费推荐 Feed 流量，需要尽可能提升直播间的内容质量与商品竞争力，同时尽可能拉高流量利用率，引导用户做出更多积极的行为或购买动作。

（2）直播广场。抖音直播广场实际上不是传统性综合页面，更类似于一个扩大版的直播流量池。进入直播广场的方式有很多种：①用户可以点击抖音 App 首页左上角三条横线的标志，进入"个人拓展"页面，并下滑找到"生活动态"板块，通过该板块中的"直播广场"进入；②用户可以在直播间的观看页面中，通过页面右上方的"更多直播"进入直播广场；③用户可以在抖音 App 首页上方的导航栏中，向左滑动找到"直播"栏目，进入直播广场。

想要提升直播广场中的免费曝光，其规则与推荐 Feed 有一定的重合，都需要商家或达人优化直播间的"人""货""场"，以提高流量的整体利用率获得推荐。但直播广场与推荐 Feed 也存在一定的区别，推荐 Feed 会优先给用户推荐其感兴趣的直播内容，而直播广场中的内容是平台对"泛兴趣"直播间进行整合考察并进行精选推荐。所以通常来说，用户容易在直播广场中刷到综合数据较好的直播间，一般泛娱乐直播间会在直播广场曝光中更具有优势，相比在推荐 Feed 中，用户找到熟悉或垂直兴趣关联直播间的比例会有所下降。不过，直播广场可以给直播间带来更多人气热度，转化更多陌生用户，若想要获得更多的直播广场曝光，商家或达人还需要合理利用热门话题丰富直播间的内容热度，努力将直播间向站外进行分享以拉高人气值。

（3）同城 Feed。同城 Feed 也可以称为"本地推荐"，这种推荐方式综合账号具体位置信息和用户兴趣偏好进行流量分发。在抖音 App 首页顶部导航栏中可以找到"同城"入口，这里的"同城"通常显示用户所在的城市名称。

同城 Feed 更适合面向地方的实体商家与同城达人，而面向全国的直播间，深耕同城 Feed 流量并不是必须项。一般而言，同城 Feed 流量不够精准，并且社交目的更强。想要做好同城 Feed 推荐，需要优先提高用户的参与度和留存率，以获得更高的同城曝光。

（4）其他。直播间的自然流量还有许多细碎的其他来源，比如连麦、下播继推、传送门、小时榜、红包等，这类流量主要受到个性化推荐机制的影响，也可以通过人为的方式补充，如发送红包、传送门等。

2. 关注 tab 流量

关注 tab 流量是指用户从其关注的列表中进入某直播间的流量来源方式。实际上，用户除了能够从关注列表中进入关注的直播间，平台也更倾向于在开播期间将直播间推荐给已关注了该直播间的在线用户。所以有效引导用户对账号进行关注，对提高基础流量具有非常大的帮助。

3. 短视频引流

用户在推荐短视频的页面中，通过点击创作者头像进入直播间的方式被称为短视频引流。在后台的统计中，短视频引流仅算作自然推荐流量，通过购买短视频加入直播间的付费流量并未统计在短视频引流当中。一般而言，被短视频吸引进入直播间的用户，通常更为精准，且付费意愿更强烈，也更愿意为直播间贡献更多的行为数据，属于优质的流量来源之一。所以无论商家还是达人，打磨好优质短视频内容对直播间的引流具有非常大的帮助。

4. 搜索

搜索流量是基于某种需求，用户在抖音 App 搜索功能中，对某个商品或直播间的相关信息（如名称、主播、其他关键词等）进行搜索，并从搜索结果展示页面中跳转进入直播间的流量来源。

想要得到搜索流量，平台不仅需要考核直播间的各项数据，还会参考直播间的标题、话题、画面，商家或达人需要尽可能将搜索权重较高的关键词加入直播间的标题与话题中。除此之外，直播间的画面尽可能保证多次出现大面积的商品正面外观展示。

5. 抖音商城推荐

抖音商城推荐流量是指通过抖音商城平台所跳转的直播间流量，也是较为优质的精准流量来源。抖音商城推荐流量与商品链接数据、抖店各项数据及关键词高度相关，想要获取较高的抖音商城推荐流量，首先要提高抖店的体验分，其次要优化商品链接的整体权重，最后要增加直播时长。

6. 个人主页/店铺/橱窗

平台还会统计用户在商家或达人的个人页面、店铺、橱窗跳转进入直播间的流量来源，这部分来源是基于曝光后的行为转化。

7. 付费流量

付费流量是直播间自行选择付费产品后所获得的流量来源，包括巨量千川平台、其他竞价广告和品牌广告。付费流量可以帮助直播间吸引大量观众，但前提依然是保证直播间本身的综合竞争力。

目前，直播间主要选择巨量千川PC端与小店随心推两大推广产品。小店随心推相对简单，门槛较低，且每次投放独立计算，偏向于将直播间推送给内容流量池。巨量千川PC端付费门槛较高，偏向于将直播间推送给具有消费能力与消费潜力的用户，且会综合考虑所有的投放记录，并建立投放模型。

除了上述流量来源外，西瓜与头条和一系列平台活动也会为直播间分配流量，但目前绝大多数的商家或达人在常态下的此块流量占比不高，如有兴趣可自行查询了解。

四　流量数据拆解与分析

用户观看直播间的整个过程中所留下的全部行为痕迹都会被平台所记录，这些行为也会反馈给直播间后台，以量化的形式进行集中展现，以方便商家和主播快速复盘，找准定位与方向，优化直播思路。本小节针对直播当中的重要数据分别进行了拆解与分析参考，结合实践经验总结，具体可以参考表5-2。

表5-2　电商直播数据综合参考表

数据项	解释	参考值	对应能力	考核内容	备注
曝光进入率	观看直播的用户中实际进入直播间的比例	＞20%为优秀	对应直播间的引流能力	考验主播与场景的吸引力	若曝光进入率低于10%，原因通常在于场景与主播外观的吸引力较弱，需要优化直播间的整体画面表现
人均观看时长	每个观众平均观看直播的时间长度	＞45秒为优秀	对应直播间的留存能力	考验产品或话题的吸引力以及主播的留人能力	人均观看时长越长，能获得更多的直播推荐。优化停留时间，需要合理的产品排款，搭配主播的转款话术
重复进入率	直播间观看人数与观看次数的比例关系		对应直播间的留人能力	反映主播人设或品牌/产品的黏性	
互动率	用户发生点赞、评论、分享等行为纳入互动范畴，发生互动行为的用户数量与整场直播观看用户总数的比例即为互动率	＞5%的互动率为优秀	对应直播间的促活能力	考验主播的控场水平与流量承接能力	互动率越高，越能拉动场中下一次推流节点的直播间流速
新增关注比例	一场直播内，新增加的关注数量与观看人数的比例	＞3%为合格		考验主播人设或品牌的吸引力	反映账号是否处于健康发展状态
新增粉丝团比例	一场直播内，新增粉丝团用户数量与观看人数的比例	＞1%为合格	对应直播间的创新能力	考验主播人设或品牌/产品的吸引力，此外还考验主播的话术能力	有利于积累账号权重

续表

数据项	解释	参考值	对应能力	考核内容	备注
千次观看成交金额	每1000次观看带来的成交量	忽略客单价的情况下，一般平均转化率＞5%为优秀	对应直播间的转化能力	考验产品的综合竞争力与主播的促单能力	在排除产品力影响的情况下，反映人群的精准度。一般千次观看成交金额越高，直播间推流人群的消费能力越强
UV价值	总销售额／独立访客数量		对应直播间的推流精度	考验直播间运营的精准流量拉取能力与主播的促单能力	提升UV价值需要提高直播间的选品与主播转款水平
商品点击率	直播间观众点击商品的比例	＞10%为优秀	对应直播间的转化能力	考验产品的竞争力与主播的塑品水平	若商品点击率较低，需要重新进行测品，同城可以淘汰测品环节中点率低于20%的产品

目前，在巨量百应中的数据参谋应用，以及电商罗盘、创作者/企业服务中心都可以查看账号的各项直播数据。

第二节　抖音电商直播运营清单

业内将直播间的构成划分为"人""货""场"三个部分，其中，"人"是指直播人员（尤指主播），"货"包括产品选择与组合，"场"为直播间的呈现场景（图5-1）。优秀的直播间通常同时满足：专业的主播及优秀的团队协作，有竞争力的产品与产品排列，与销售贴合的直播场景。所以，对于直播运营而言，需要尽可能将人、货、场不断优化并落实到工作当中，重点在于主播的互动与话术设计、产品选择与排款设计、直播间画面调试与场景搭建。

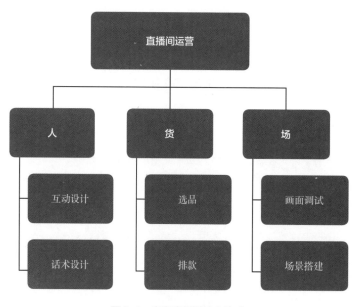

图5-1　电商直播间核心构成

一 互动引导设计

无论是在内容直播还是电商直播中，健康的用户互动行为对直播间至关重要。高频率的健康互动，不仅有助于增强直播间的氛围感，还能够有效拉动直播间的流速，获得更多的推荐（特别是增加直播广场的流量来源），让直播间获取更多的新用户。但实践发现，多数用户不愿意主动与直播间发生互动行为，所以直播间必须注重引导用户发生互动行为。

直播间中用户的互动主要包括点赞、评论、关注、停留。针对以上重要互动行为，本节主要介绍引导这些互动行为的核心要点与示例。

（一）点赞

直播间点赞是用户行为成本最低的一种互动方式，只要点击直播间屏幕的"点赞"版块便可为直播间增加点赞量。对于直播间而言，用户点赞不仅有利于提高直播间的互动数据，获得场中推流，还能通过用户点赞行为，标记用户的浏览偏好，有利于定向的反复曝光，同时还能拉长用户的停留时间。所以，建议主播积极引导用户为直播点赞。

实践发现，以下方式容易收获用户的点赞行为。

1. 讲述真诚的故事

虽然电商直播属于一种商业行为，但抖音本质上仍然属于一个内容性平台，在直播的过程中，商家在进行商品宣传与介绍的过程中，可以恰当地融入故事进行讲解，最好能够植入引起用户追忆的共鸣性内容。

2. 表达真诚的感谢

真诚地感谢消费者是服务行业从业者的基本操守，直播团队应该将真诚的思想融入行为举止中，懂得尊重消费者，才能够获得消费者的尊重和鼓励。

3. 植入利益点

消费者的直播利益点通常指各种直播福利，还包括一些行为等。在利益点中植入点赞行为，是直播间常见的点赞方式。但要注意的是，新人直播间中的人气通常不高，如果本身直播间没人点赞，同时点赞目标设置稍高，直播间观众容易放弃点赞行为。所以新人直播间需要吸引一批忠实的粉丝或种子用户，鼓励他们积极观看直播并在适当的时候给予点赞支持，当其他观众察觉到点赞目标较为容易实现的时候，会更倾向于贡献自己的赞赏。

（二）评论

在电商直播中，评论不仅有利于拉高直播间的流速，业内还有一种观点认为，在评论区中高频率出现与产品相关的关键词，有利于直播间建立更精准的推流标签。例如，在某潮流服装直播间中，当用户在评论区发表更多"时尚""潮流"类字眼时，更有利于平台将该直播间推给关注潮流穿搭的用户。

1. 点对点互动

点对点互动是指主播与评论区的用户ID进行一对一的互动行为，在互动过程中，主播尽量念出用户ID昵称以示提醒和尊重。特别是对于新直播间而言，点对点的互动十分有必要。优质的点对点互动目的在于建设互动示范，让用户觉得自己的评论有交流的机会，能够有效提高用户的评论互动意愿。

2. 内容引导关键词评论

直播间可以逐步加入精彩内容环节的设计，让精彩内容与直播间核心推流关键词相关联，再配合忠实粉丝的评论，拉动直播间的整体评论节奏，让评论区涌现真正有助于直播间标签建设的关键词。

（三）关注

对于刚开播的新号而言，前期的关注数据非常重要，优秀的直播间在前期应该在各项数据上实现稳步递增，而递增的前提便是不断地拉新和转化。

1. 在痛点中植入关注引导

绝大多数直播间惯于在促销"福利"环节中完成关注引导，如"仅关注领取福袋"等字眼。一般而言，吸引用户关注的物质福利如果不够有吸引力，效果将越来越弱。而且，倘若直播间频繁通过单纯的"利益"引导用户进行关注，后续直播间的推流可能会增大"羊毛党"的推进比例，对直播间的长线发展而言未必有好处。

因此，健康的直播间应该在产品的痛点中植入关注引导，而非在利益点中。例如，主播在推荐一款冬季手套时，可以强调一般用户（包括用户家人和用户个人）在北方冬季骑行中手部和手腕受凉的痛点问题，并讲解推荐产品与一般产品的区别，再向用户提示如果真心喜欢这款产品可以点点关注，在此之后可以适当给予一些直播间福利。

2. 示范操作

虽然目前抖音已有大量电商直播间消费用户，但是电商直播用户仍处于增长期，有大量用户并不清楚如何关注主播及点亮粉丝灯牌。在直播过程中，可以邀请忠实粉丝或他人在直播间中向主播提问"如何关注"或"如何加入粉丝团"等问题，此时主播可以点对点与提问者进行互动，并在镜头前用一部手机实操演示如何完成关注、点亮粉丝灯牌的相关操作。实践发现，有些犹豫要不要关注的"摇摆"用户，一旦主播亲手示范关注流程后，会尝试跟随主播的操作一同完成一系列关注操作。

3. 频繁互动

上述所提到的从产品痛点切入，主要是通过提供物质层面的"利他"价值点进行的互动引导。此外，主播人员也可以为用户创造情绪层面的"利他"价值点。首先，直播间需要确定直播间或主售产品的目标人群，根据该类人群偏好，尽可能完善受众偏好方向的主播服化道。例如，运动鞋服的购买用户的人生态度偏向于积极向上，那么就将主播打造为阳光的人设。

在完成人物包装的基础上，主播应逐步增加与用户的互动，特别是与幽默评论的互动，重点通过互动展示个人的外形和性格优势，以此拉动受众的好感值。但需要注意的是，如果增加互动评论，主播尽量以"点对面"的方式进行互动，不要因为个别评论打断关键节奏，否则其他用户可能会因为主播回答与自身利益点无关的话题而退出，所以尽量选择覆盖面积较大的评论进行回复。而当直播间人气较低时，主播可以准备一些沟通对话，以点对点的方式主动与新进直播间的用户进行交流。

（四）停留

用户停留的本质来自用户对直播间的期待感，用户进入直播间的期待感可能来自"直播间接下来有更好的产品""直播间马上会有更多的福利"等，这些可以通过"爆品/稀品展示""产品测试"等方式来实现，业内也将上述拉升停留数据的方法称为"憋单"。

除了利用"爆品/稀品展示""产品测试"等方式拉升停留数据，还有一些额外的方法也对拉升直播间停留数据有一定的帮助。

1. 用户选择

在涉及下一件商品或福利讲解及赠送时，可以对商品或福利进行关键字编码提示，并让用户在评论区做出选择。一般来说，用户点开评论区打出1~4个字需要花费2秒以上的时间，并且一旦用户投入了选择行为的沉没成本，其后续的观看意愿也会提高。同时，该方法还能够增加互动的评论数。

2. 增加画面中的信息量

在直播间的悬浮贴片、道具牌、KT板等可以记录文字的工具中增加信息也有利于观众停留。在确保用户能够看清文字的情况下，可以尽量增加文字的数量，或者可以在观众能够看到的场景中植入更丰富的信息道具或元素，以吸引用户目光和引发其思考。一般而言，多数用户在被动接受未知信息时有较强的求知欲，会愿意停留并进一步探索。

二　带货话术设计

在直播间中，同样一件商品，主播的话术差异可能导致最终的销售结果大相径庭。对于多数进入直播间的消费者而言，对产品的了解普遍是不足的，购买意愿也未必足够，这就需要主播从塑品、逼单、转款等环节进行话术设计。

（一）塑品

在业内，塑品是指通过塑造产品的形象和卖点，让用户更好地理解和接受产品的一系列主播话术。在塑品话术中，主播需要着重解决痛点与情感相结合、体验与对比相结合、独有性和可得性相结合等语言表述问题。

1. 痛点与情感相结合

在长期观察中发现，多数新人设计塑品话术时有洞察品类用户痛点的思维，也能够适当地植入情感元素。然而，在痛点与情感的设计中，往往倾向于两者割裂或独立设计。例如，某销售保温杯的主播，在保温杯的塑品设计中，先是强调了该保温杯在材料上的保温优越性，列举了该保温杯在寒冷场景当中的表现效果，最后进一步提示冬季饮用热水对个人健康的重要性，主张用户应该为身体考虑选购一款功能性较好的保温杯。

从结构上来看，该塑品过程中的信息较为冗余，节奏缓慢，虽能抓住痛点场景，但情绪引导性不足。可以尝试将痛点与情感相结合进行话术设计，例如，"该保温杯使用的材质是……特别适合每天外出上学的孩子们使用。在北方，孩子每天一早出去上学，一般的保温杯可能在下午水就凉了，而这款保温杯让你家的小孩在下午放学后，行走在鹅毛大雪中，依然能够喝上一口热腾腾的水"。在这一塑品过程中，产品材料或设计上能解决的痛点场景与用户的情感直接关联，将产品优势融入日常情感中，能够大大提升产品的吸引力。

在情感的把握中，建议优先强调产品对用户父母、孩子、伴侣的利益。对于相当一部分产品而言，描述中代入第三方的痛点场景，并不会损失既定的目标用户。对于消费者而言，主播在产品塑造时，在提供理性参考的基础上，同时给予用户感性上的购买理由，能够更好地帮助用户了解产品特点，促成下单。

2. 体验与对比相结合

网络购物相比于线下购物的一大劣势，便是消费者无法实时体验产品以得出对物品的主观感受。对于新直播间和新人主播而言，除非商家本身具有一定的品牌知名度，否则会由于直播间与用户之间缺少信任基础而影响销量。这需要主播在塑品过程中，尽可能让消费者身临其境去体验产品，同时为了提升信息密度，还需要在体验说明过程中加入更直接的对比示范或说明，保证直播节奏。

在体验传达过程中，主播可以从具体感官入手，尽可能通过语言调动用户感官。例如，一个橘子，卖家的和市面上的普通橘子在外观上有何差异，摸起来有何差异，闻起来有何差异，口感上有何差异……尽可能让语言入侵用户的感官，并且尽可能提示产品感官体验上的差异。在用词上，避免"好吃、好舒服、好美、好用"等常规词语，多用能挑动感官的朴实辞藻进行描述，如"口感轻软，咬下去能感受到清甜的汁水裹住舌尖"等。

3. 独有性和可得性相结合

在直播间中，主播需要回答观众两个问题，一是为什么要在该直播间下单，二是为什么要在今天或现在下单。这就需要在塑品话术中，提示商品的独有性。但有些商家在强调独有性的过程中没有把握好适当的度，容易使消费者形成"虚伪"的主观感受，或降低购买意愿。这就需要主播在塑品中，将独有性和有限的可得性结合起来。

独有性并不是仅指独有生产、设计、发行的商品，也不是绝对的独有销售，还可以包括少量库存的商品、相对市面上较低的价格、靠谱的渠道、新鲜的生产日期、特殊的赠品等，这些都可以让销售过程呈现出差异化，避免商品陷入消费者横向对比环节。但是独有的产品还需要设置一定的门槛，才能进一步激发消费者的购买欲望，但需要注意的是，在门槛设计时，要尽量让80%的非粉丝用户能获得购买资格或是购买到该商品。

（二）逼单

在电商直播中，"逼单"是指在直播商品开价后，为了促进犹豫期的用户尽快下单购买所设计的一系列话术。通常来说，逼单话术主要是主播通过营造产品价格、数量、赠品等福利优惠的稀缺性激发用户购买商品的紧迫感。

但是，逼单的效果并不是主播随便说几句就能实现的，在绝大多数直播间中，一些常规的逼单话术通常并不能刺激消费者。在设计逼单话术时，一定要把握以下要点。

1. 被动道出逼单话术

除非确实存在较大的促销优惠和稀有性产品，否则一般而言，当主播主动说出逼单话术时，逼单的效果便大打折扣了。原因非常简单，当下很多消费者对直播间或主播的销售方式已然轻车熟路，并且消费者并不会完全信任卖家。所以，主播一定要学会被动地道出逼单话术，例如，主播可以不经意间回答评论中

"这个活动持续到什么时候？"等问题。如果直播间中没有观众发表类似的评论，就需要直播团队共同努力实现。

2. 真诚有据地逼单

大多数主播在交代商品稀缺性的过程中，忽略了造成稀缺性的前因后果，或者所编造的理由对用户来说没有说服力或吸引力。实际上，直播团队并不需要为逼单编造理由，任何时候真诚才是最能打动观众的"武器"。将真实的情况坦诚告知消费者，就是对消费者最好的尊重。例如，主播可以向观众坦白，直播间是出于平台对直播间的数据考核需要才设计的一系列销售策略，以吸引大家成交。

（三）转款

对于非单品、平播直播间而言，经常会涉及一些转款流程。电商直播间中的转款也称为"转品"，是指主播将话题或商品从一个方向转移到另一个方向的行为。在转款过程中，经常会出现观众跳出流失的情况，这是因为这一波观众主要是被当前商品或话题所吸引而留存的用户，如果他们对即将到来的下一个商品或话题不感兴趣时，便会出现退出直播间的行为。

在转款过程中仅出现了一部分用户退出的情况是大多数直播间的正常表现。关键在于，相当一部分直播间用"福利"商品吸引了一部分用户进入直播间，在转换商品后却出现了用户成交率非常低迷的情况，未能达到预期的目标。

在不考虑转款承接品设计事项的情况下，主播在转款话术上应做好以下几项工作。

1. 转款时机符合转款理由

对于一般直播间而言，转款既要掌握时机，也要讲好理由。对于普通直播间，当在线人数较低时（通常指50/100人以下，品类不同，标准不一），生硬转款的意义并不大。特别是涉及利润品时，没有人气值作为背书，就无法通过用户基数产生"羊群效应"（一种社会心理学现象，指人们倾向于模仿他人的行为），成交率可能愈加惨淡。

面对这种情况，主播可以尝试将拉停留与转款相结合，让转款更加自然，同时满足用户的期待感。例如，"非常感谢今天直播这么久还有几十位观众朋友在直播间陪伴着我，我们再介绍一遍我们的超值产品，等助理把赠送的商品拿过来后，我就免费送给大家，也希望直播间现在的观众朋友能够为直播间点点赞，鼓励支持一下"。当然，主播也可以直接提示用户，拜托观众多停留一会儿，并与直播间多进行互动，为表示感谢主播也要拿出优质的产品感谢直播间的各位观众。在这个过程中，主播可以趁机通过提高停留和互动数据拉动直播间流速。

当直播间在线人数增多后，让助理将承接品递到镜头前，主播需要先对该产品进行一番介绍，可以主要从价值感上进行塑造。在推介完承接款后，直播间必须履行之前的约定。最后提示在线观众，如果对这款商品感兴趣，可以下单购买。

2. 被动的长时铺垫

与逼单的逻辑一致，主动转款的效果通常差于被动，但与被动逼单的方式又有不同，被动逼单只需要主播一次不经意地回复，而被动转款需要长时间的铺垫。目前平台中有一部分商家通过该方法获得了较好的转款效果，以下仅作为案例对被动转款进行描述介绍，并不鼓励商家完全模仿或引用该方法。

例如，在直播过程中，有大量向主播提问"为什么之前的产品买不到了"等类似的评论。主播通常在前期会适当忽略这些评论，当这些评论频繁出现时，主播可以道出一些不售出的原因，如"库存不多了，要留着下次活动卖""配套的赠品缺货了""价格正在调整，现在买只能按原价卖对消费者不划算"等。最后，将产品拿出进行介绍，再配合一定理由进行重新销售。

三 测品排款设计

在电商直播中，不建议直播间随意挑选产品进行销售。一是从消费者角度来看，其希望在直播间买到更实用、放心且价格更合适的商品，否则可以从货架电商平台或线下直接购买。为达成消费者的心理预期，就需要直播间对商品进行一定的预挑选。二是从运营角度来看，优质且具有价格吸引力的产品才能带动更多的曝光和成交数据，良好的交易数据不仅能够提升直播间的推流层级，也能收获更好的用户口碑，带来更多的"回头客"。

所以，建议直播间慎重选择售卖的产品，需要在完成产品本身质量评估的基础上，估算该产品在直播载体中的销售表现，并且对所有挑选出来的产品进行合理组合与安排，强化直播间的带货节奏，让整场直播过程更为流畅。

（一）测品

直播测品通常是指在完成产品质量评估后，通过各种方式对该产品的销售情况和受欢迎程度进行测算，以便选择适合销售的产品。但是，在介绍测品方式前，建议商家对产品的品类进行简单的调研。

1. 类目载体调研

商家在确定待测产品后，需要明确这些产品的所在类目，然后登录抖音电商罗盘，查看该产品类目所在的载体销售情况，确认该产品是否适合在直播渠道中进行销售，同时可以进一步了解该品类在一定时间段内的销售金额处于哪个范围。对于直播新人而言，尽量避免选择直播渠道占比较小的品类。

2. 测品方式

目前，电商直播测品主要有以下方式。

（1）短视频测品。在确定待测产品后，可以尝试为产品制作短视频。为了提升测品的可靠性，尽量为每个产品寻找三个拍摄脚本，在完成拍摄后选择接近的时间点发布，以尽可能控制人群变量。如果所发布的短视频账号的推流模型不符合产品目标人群，可以尝试付费购买定向流量进行测试。如果待测产品属性高度重合，尽量在短视频脚本上采用相似的元素，其他尽可能保持不变，相似元素主要包括场景、台词、分镜、节奏、时长、封面等。

最后，当所有视频发布且推流完毕后，分别检测不同视频评论下的关于产品的咨询或讨论比例、不同产品的橱窗点击比例和付费比例。注意，视频的播放量不作为考核商品的关键指标，但需要播放量达到一定数量（建议播放量不低于3000），否则当样本量较小时，数据分析不具备参考价值。

（2）平播测品。在直播中，采用平播模式，将待测产品分别设置为小黄车中靠前且相邻的商品链接，如1、2、3号链接或3、4、5号链接。每次平播测试产品数量不宜太多，尽量不要超过4个。

在直播过程中，主播平均分配待测产品的讲解时间，注意单次讲解的时间不宜过长，且不对单件产品表现出情感偏向。待每件产品曝光均超过3000播放量，且每件产品的曝光差距低于500播放量时，可以直接下播。最终查看整场直播的产品点击数据，筛选出点击率＞20％且点击率最高的产品。如果待测产品点击率均低于20％，可以重新更换一批待测产品。

（3）商品卖点关键词检测。通过商品卖点关键词检测，可以帮助商家/达人了解产品是否存在销售潜质。

第一步，登录巨量云图，选择顶部导航栏中的"商品"，然后根据待测产品是否具有时效性特点，分别选择"近期品类趋势"或"历史品类趋势"。例如，服饰、文创、玩具、数码3C等类目，容易受到时下流行趋势影响，需要查看"近期品类趋势"数据；其他如图书、户外、个护家清中的一些类目，实用性为主要竞争力，不太受时效影响，可以考虑查询"历史品类趋势"。

第二步，输入具体类目，然后下滑该页面，找到"商品关键词"，设置价格区间，再进一步查看目标类目的热卖商品卖点关键词。如果待测产品的关键卖点未出现在该产品关键词列表，或关键卖点处在列表中十分靠后的位置，请慎重选择该待测产品作为正式销售产品。

（二）排款

电商直播的排款又称为排品或组品，是指直播间为了电商直播销售额的最大化，将所有待售商品按照一定的策略进行顺序排列。电商排款通常适用于多品直播间。

1．商品划分

业内普遍将直播商品按照属性和功能的不同，划分为引流款、福利款、畅销款、利润款和特色款。但在电商直播中，并不是所有直播间都同时需要以上五类商品，应充分考虑产品的特点、目标受众、市场需求等因素，结合实际情况进行灵活调整，具体如下。

（1）引流款。引流款一般是自然承接力较强的商品，主要用于预热或开场，或中途卡点拉流量，以吸引人气和用户停留为主。需要产品本身具备大众化属性，有一定的性价比。在利润方面，一般引流产品利润低于10％甚至亏损。

（2）福利款。福利款一般需要商品本身具有很高的性价比，主要搭配主播的转款、打单，用于提高成交密度，强化直播间的用户标签。福利款的核心作用是维持不同流量状态下的数据。

（3）畅销款。畅销款可以作为直播间的主要销售产品，绝大多数直播时间可以围绕其进行编排。畅销款是能够解决某种问题或能够创造特定需求的产品，且有一定的利润空间。需要注意的是，畅销款必须经过测品环节，需要各项测试数据表现优秀。

（4）利润款。利润款主要是卖给预算相对宽裕且对生活品质有一定追求的人群的商品。利润款在使用体验或外观设计上，相比畅销款有一定的提升。利润款的推广一般会排在直播过程的中段，当利润款能够稳定出单后也可以尝试取代畅销款，成为直播间的销售核心。

（5）特色款。特色款是能够吸引受众注意力，特别是能够吊起部分直播间观众胃口的商品。特色款一般是具有较高利润的产品，其可以贯穿直播全程，但是过款速度需要相对快一些。

2．排列规则

如果对直播间的销售和流量规模有一定的追求，则需要直播团队对选品的排列规则有一定的了解。选品的排列十分重要，一方面，直播间的推流速度不仅取决于产品的销售情况，还取决于直播间的停留、互动、UV数据，而这需要引流表现力更强的产品与客单价更高的产品相互搭配实现直播间关键数据的提升。另一方面，如果商品与商品之间缺少关联性，会导致前一波因为商品A进入直播间的观众对下一款商品B缺少兴趣，导致在切品后大量流量流失，这就需要商品之间互相保持衔接关系，不断去承接每一波直播间流量。

在商品排列中，直播团队需要注意以下内容。

（1）商品之间相互关联。在直播间中售卖的商品尽量保持一定的关联逻辑，包括体验关联、搭配关联、人群关联等。体验关联是指货品与货品之间存在体验的升降关系；搭配关联是指产品之间存在搭配关系；人群关联是指根据直播间的受众属性推荐产品。

（2）排列法则。在具体的商品次序排列中，也存在一些通用性的法则可以借鉴参考。

第一，引流款贯穿法。引流款贯穿法是指全程介绍引流款，在引流款的讲解中，找到合适的契机，穿插其他利润款和畅销款的排款方式。对于新人直播间而言，引流款贯穿法是最稳健的一种排列选择，这是因为新直播间在流量方面存在天然劣势，需要依靠具有引流功效的商品贯穿整场直播，以确保前期的各项数据保持在一个健康的水平线。

第二，小循环排款法。引流款贯穿法虽短期内具有流量稳定的优势，但长时间主要销售引流款，难以提升UV价值和利润空间，或者复购周期较长导致后续增长匮乏，从长期来看是对直播间不利的。所以当直播团队希望进一步拓宽更有消费潜力的用户人群，拉高电商利润时，可以尝试从引流款贯穿逐步转移为小循环排款。

小循环排款是指按照"福利款—引流款—畅销款—利润款/特色款—福利款"进行循环推介的排款方式。小循环排款是从流量承接角度设计的组品方法，一般而言，需要先通过福利款预热做高直播间人气，然后通过引流款进行流量承接，而后从引流款过渡到畅销款，在这个过程中容易出现一定的流失情况，若畅销款数据表现良好，可以进一步尝试通过利润款/特色款转化刺激，若畅销款数据表现较差，可以跳过利润款/特色款，通过福利款再次拉起流量，进入推介循环。小循环排款的主要目的在于稳住流量的同时，不断试探利润款/特色款的转化效果（图5-2）。

一般直播间流量变向

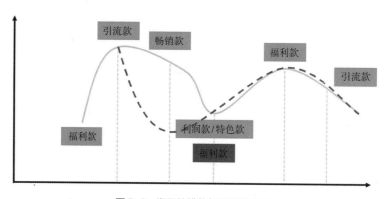

图5-2　常见的排款与流量波动图

第三，大循环排款法。大循环排款是指围绕利润款进行产品排列组合，通过加入更加丰富的产品，以满足更多受众的需求。大循环排款法通常适用于利润款与畅销款能够稳定出单，且人气规模较大的直播间，优势在于能够保证直播间销售数据的同时，尽可能拉动人气数据（图5-3）。

| 引流款 | 畅销款 | 利润款 | 畅销款 | 利润款 | 福利款 | 利润款 | 引流款 |

图5-3　常见的大循环排款流程图

四、直播间搭建

绝大多数直播团队都十分重视直播间的搭建，优秀的直播间无疑能给用户带来更好的购物体验，能够直接或间接助力产品销量的提升。但是，直播团队也无须将绝大多数的精力和财力用于直播间的搭建和选择上，对于绝大多数品类的直播电商来说，在能够保证直播间画面清晰、场景协调的基础上，产品、主播表现、话题优先级往往更为重要。

然而，如何保障画面的清晰表现，搭建恰当的直播场景，仍是许多新人直播团队的困扰。所以，本节主要介绍直播间清晰画面的输出方案，场景搭建的方法与原则。

（一）直播场景的搭建

电商直播带货的模式发展至今，直播间的搭建风格已百花齐放，有的直播间就地取景，在雪山极地中展示羽绒服的抗寒效果；有的在果园中展示新鲜摘采，主打"现摘现发"；有的追求极致的视觉体验，打造华丽的直播间。

直播间的场景搭建虽没有绝对的标准，但至少需要满足两个要求，一是直播场景能为产品销售提供"信用背书"；二是场景有一定的视觉吸引力，有助于提升直播间的点开率。

1. 信用背书原则

无论是销售高客单还是低客单的产品，直播场景都是最直接有效的"信用背书"。例如，低价产品的直播间往往是原产地或生产流水线，这样的直播场景往往能够让消费者相信自己购买的产品具有较高的性价比；高价产品如名品服靴的直播间往往装潢精致高雅，搭配清晰的画面表现与分明的光影呈现，共同衬托出直播间的可靠性。

除了按照客单高低所划分的产品，场景更能增强功能性产品的说服力。例如，主播在高温场景中仍能够保持清爽干净，有利于凸显电风扇的风力表现；又如，在顾客盈门的门店场景下销售美食商品，能有效弥补直播模式下用户无法亲自品尝美食的媒介缺陷，从侧面提升了美食的说服力。

直播团队必须了解的是，受众或许并不是产品专家，但是能够迅速根据直播场景对商品完成主观评价，所以在场景搭建上，直播团队首要考虑的是直播场景能不能增强货品的说服力，而不是围绕美观性和实用性的搭建方向进行直播间的布置。

电商直播中，常见能够有效增强产品说服力的场景包括以下几类。

（1）源头场景。如果直播间主打追求性价比，在条件允许的情况下，可以将直播场景设置为农产品原产地、供应链仓储基地、工厂加工生产线、发货打包间等，让用户感受到源头直销、无中间商的实惠感。

（2）氛围场景。如果直播间主打某一类精准兴趣人群的消费商品，需要围绕具体兴趣，强烈展现出该兴趣的极致氛围感，如游戏掌机的直播间，可以布满科技感的灯带和游戏主题配饰，通过氛围的视觉引力形成用户对直播间的专业度与兴趣度的认同。

（3）功能场景。如果直播间主打功能性产品，场景最好设计为适用于产品使用的极端环境。例如，羽绒服产品的最佳销售场景是户外冰雪场景，可以通过实际场景下的功能表现，突出产品的功能优势。

（4）实体场景。如果直播间主要面向年龄稍长的人群，且直播间为非官方品牌直播间，若直播团队有线下实体店铺，尽量选择在实体店铺中搭建直播场景。据实践调查，绝大多数中高龄人群倾向于在同时拥有线下门店的线上店铺中购买商品。

2. 视觉吸引原则

直播场景的另一个重要作用是吸引用户视觉。传统的视频网站中，用户会先对页面卡片中的图片和标题进行初步筛选，再进一步决定是否进行观看，在该分发逻辑下，用户的主动性会更高。而抖音 App 的推荐页面中，用户主要是被动接收信息。对比这两种不同的分发逻辑，前者用户对视频的心理耐心相对较高，因为视频是经过用户主动筛选点击浏览的；而后者的耐心相对较差，因为视频是平台为用户挑选呈现的，而非用户的主动选择。

在此情况之下，用户如果刷到一条陌生直播间的推送，往往没有耐心去仔细了解直播间的主播在讲什么内容，在卖什么产品。直播间中所呈现的场景外观、光影与色彩的搭配，以及主播的穿着与外貌才是用户的第一视觉落点，这个落点也通常决定了用户是否会进一步了解直播间所卖所讲。所以，建议直播团队围绕吸引用户视觉，丰富直播间中的部分细节搭建。在吸引用户视觉方面，有以下内容可以参考。

（1）善用对比色。对比色是指两种可以明显区分的颜色，当对比色并列时，通常会形成强烈的对比视觉，从而有效吸引用户的注意力。在色彩明度、饱和度接近的情况下，直播间可以尝试在布景中大面积采用两种对比色的道具和光线，让直播间的色彩表现更具冲击力。常见的对比色包括红色与绿色，黄色与蓝色，蓝色与橙色，黄色与紫色。

（2）让画面流动起来。相比于相对静止的画面，具有明显流动感的空间更容易吸引用户视线。例如，在直播间中可以加入一些 3D 流动水波纹的动态效果，或置入一些能够保持运动的新奇道具，从而延长用户的停留时长，提高直播间点开率。但是，在画面的流动速率上要把握一个标准，要么较高，要么较低，最好不要取中间值。较高的流动速率是为了让用户一眼不能看清楚具体画面内容，从而让用户停留在直播间反复观看画面两次以上；较低的流动速率，则要强调动作的期待感。

（3）多植入热点元素。抖音作为兴趣内容平台，用户对平台热点和流行高度敏感，且"羊群效应"显著。所以，直播间可以恰当地植入更多的热点元素，为直播间造势营销。热点元素可以包括一曲好听的热歌、一张诙谐的热点图片、一个有趣的热点话题等。对于大多数商品复购属性较低的电商直播而言，目标对象并不是账号粉丝而是陌生人，循规蹈矩的带货直播间难以拔高销售上限，所以应通过潮流热点，不断实现增量转化。

（二）配置与画面调试

直播间的配置与画面调试可以很简单，也可以十分考究。对于一些客单价较低，且不存在太大技术壁垒的商品，一部手机、一盏环形LED灯便可以满足基本的直播销售。而当直播间存在较高的产品细节展示需求和氛围感营造需求时，可以尝试组装一套功能更加完善的直播设备，并对细节参数进行一定的调整。

1. 直播间配置

一般来说，直播设备越先进，理论上输出的画面质感越好，但价格通常也较为昂贵，例如，一套入门级的直播配置费用预计在1.2万元以上。这个价格对于刚起步的直播团队而言，或许难以接受。同时，对于一些品类赛道而言，昂贵的设备投入与商品交易总额（GMV）之间实际上并不存在因果关系。所以，以下将围绕性价比原则，结合一些品类的销售特点，对直播配置进行推荐。

（1）手机+LED环形补光灯组合。手机+LED环形补光灯是最基础的直播配置。该配置除了具有价格优势，同时还具备便携性特点，可以实现更加灵活的场景直播。LED环形补光灯尽量选择高度超过1.6m、输出功率大于60W、可调节色温范围的灯具。

手机+LED环形补光灯虽然配置简单，但能够给予消费者更加真实、有温度、接地气的观感体验，适合客单价不高的农产品、轻工业产品、地方特色美食/零食等产品的直播。

（2）手机+手机支架+无线麦+补光灯组合+电脑组合。手机+补光灯组合+电脑可以实现合格的视听输出，补光灯组合建议购买3盏以上具有一定品牌知名度的LED补光灯，且同时配置2套以上的灯光配件，包括矩形与八角柔光箱、柔光球等；考虑到涉及直播与短视频和图片素材的制作，电脑尽量选择i5-12400F级别以上的处理器，搭配3060以上显卡与500G固态硬盘、16G内存及以上的PC配置。

该套配置通过增加画面中光影层次感，使画面质感更加高级，同时将手机作为摄像头使用，让电脑分担了直播中的部分算力，使直播画面更加流畅稳定，减少了单一手机直播下丢帧卡顿的问题。其还能实现更多的直播效果，如贴片和绿幕，让电商直播更加灵活。

该类配置适合一些对质量与细节展示要求不高，或有一定品牌知名度，用户对产品有足够体验经验或认知的产品直播，主要集中在日用家居的品类中，如纸巾、沐浴露等。在这类产品中，用户的购买原因通常是高度的品牌/体验认可，对产品比较熟悉，或对某类产品的质量期待较低，不需要通过视觉辨别该产品的好坏，所以直播间的画面只需要保持基础的画面表现即可。同时，方便绿幕和贴片的灵活变动不断契合产品的各类营销需求，在一定程度上还可以分担主播的讲解压力。

（3）相机+支架+采集卡+电脑+电视+补光灯组合+麦克风组合。这一组合是目前热门电商直播间的主流选择。相比于一般摄像机和手机，目前主流的微单和单反相机具有显著的传感器尺寸优势，这给直播间的画面表现和商品细节展示带来了质的提升，再搭配合适的镜头，可以实现更好的空间表现及虚化效果，对突出主题具有更好的帮助。同时，在采集卡的加持下，不仅能输出更高质量的画面，提升色彩效果，甚至还可以实现多机位的直播功能。并且，在配置了电视后，可将电视设置为直播互动大屏，让主播更清晰地知晓观众的意见反馈，了解直播节奏。

对于存在明显溢价的产品，以及需要强调产品细节（材质、面料、设计）的品类，建议采用该套直播设备。

（4）灯光布置。在手机+LED环形补光灯的组合配置中，LED环形补光灯通常放置于主播的正前方，用于打亮主播人脸，无须过多地布置介绍，而补光灯组合的布置则有一定的讲究。

补光灯组合的布置，不仅需要打亮画面前景，同时还需要起到提升主播皮肤质感、突出画面层次感、强化整体氛围的作用。在灯光的布置中，首先将灯光分为主光灯、辅光灯、轮廓灯、背景灯（图5-4）。

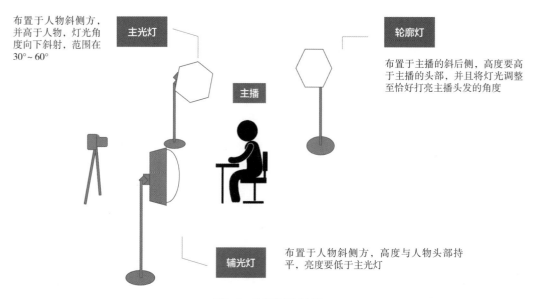

布置于人物斜侧方，并高于人物，灯光角度向下斜射，范围在30°～60°

主光灯

轮廓灯

布置于主播的斜后侧，高度要高于主播的头部，并且将灯光调整至恰好打亮主播头发的角度

主播

辅光灯

布置于人物斜侧方，高度与人物头部持平，亮度要低于主光灯

图5-4 灯光布置示意图

主光灯在直播间中又称为面光灯，主要负责打亮人物的面部，一般放在主播的斜侧方，并高于人物头部，灯光角度向下斜射，范围在30°～60°。具体是左侧还是右侧，取决于主播，目的是让主播呈现出更好看的一面。这样的打光方式，可以避免强光直接对射人眼，同时修饰人物的面部线条，让人物更上镜。

辅光灯通常布置在主光灯的另一侧，高度建议与人物头部一致持平，亮度要低于主光灯。辅光灯的目的在于修饰人物的侧脸，并通过亮度差异，建立一定的明暗层次。主光灯与辅光灯需要配置柔光箱，并尽可能在不出镜的前提下靠近主播，让主播的皮肤光感更加亮白细嫩。

轮廓灯通常放置于主播的斜后侧，高度要高于主播的头部，并且将灯光调整于恰好打亮主播头发的角度，确保主播的头部轮廓出现高光，在镜头画面中能够与直播背景明显区隔开。

背景灯主要用来修饰直播间的背景区。背景灯并不需要专业的影视灯具，也可以是一些LED灯带和氛围灯，只要能照亮直播间背景即可。但需要注意的是，背景灯不宜过亮。在绝大多数电商直播间中，背景灯主要起到照亮直播间背景中暗部细节的作用。

2. 画面调试

在配置好直播设备后，需要进一步对各种参数进行调整，包含手机参数调整和电脑参数调整。需要注意的是，手机参数调整主要适用于使用手机作为摄像头进行直播的情况；电脑参数调整适用于将电脑作为数据处理与配置中心，并通过直播伴侣程序开启直播的方式，充当摄像头的既可以是手机也可以是相机。

（1）手机参数设置。手机的参数设置比较简单，但不同型号的手机设置可能存在一定的差异。用手机直播需要在手机的相机中提升视频录制的画质与帧率，画质与帧率不低于1080P、30帧，同时打开镜头校正功能与高动态范围成像（HDR）模式。完成手机内部操作后，进入抖音App"开直播"界面，在"更多功能"中找到"清晰度"，并将清晰度设置为"蓝光"。

除此之外，一般建议优先使用手机后置镜头进行直播，在网络上有使用化妆镜将画面进行镜像反射实现与前置镜头直播相似效果的方法，可以自行搜索了解。同时，由于市面上绝大多数手机配置了自动白平衡和自动感光，因此手机直播时需要注意两点：一是在灯光色温中，将色温设置为低于5500K的暖色调，以提亮主播肤色，具体数值需要根据环境和主播肤色进行调整；二是控制好面光灯与背景灯/环境光的亮度比，确保面光灯的亮度大于背景灯/环境光的亮度，从而提亮整体画面，避免出现画面暗黄的情况。

（2）电脑参数设置。电脑直播时需要同时对摄像设备与直播伴侣进行参数设置。

摄像设备主要包括手机和相机，将手机作为摄像头的设置可以参考"手机参数设置"中的设置方法，以相机作为摄像头的设置，需要相机对白平衡、ISO、光圈分别进行设置。首先进行白平衡设置，通常让补光灯色温与相机色温保持一致即可。其次，光圈根据画面表现需要进行设置，如果直播团队追求较好的画面虚化效果，以达到突出主体的目的，则可以将光圈开到小数值范围；若希望同时展示背景，则需要适当将光圈数值向较大的数字方向进行调整。再次，ISO需要在完成光圈的设置后进行调整，需要在保证画面明亮（不能过曝）的原则上尽可能调低数值。在相机对焦设置中，电商带货可以选择连续自动对焦（AF），对焦区域选择为广域。最后，在分辨率与帧率设置上，将数值设置为1080P、50帧即可。需要注意的是，分辨率和帧率并不是越高越好，数值越高带来的上行压力越大，可能会出现更加模糊的情况。对于手机屏幕来说，1080P、50帧已能够确保画面表现清晰。另外，相机直播必须为相机配置假电池，同时在相机设置中确保相机不会自动关机或待机。

完成了摄像设备的参数设置后，需要在电脑端进一步完成直播伴侣各项参数的设置。在直播伴侣中，影响画面质量而需要重点设置的参数包括视频编码、编码档位、视频格式和视频码率。

视频编码设置是指对视频压缩并转换处理的设置，在直播伴侣中可以选择硬编和软编，具体的选择根据电脑配置决定，如果电脑CPU性能较好选择软编，显卡较好则选硬编，如果电脑的CPU和显卡配置均较高，则随意选择。

编码档位可以简单理解为调整画面质量的档位。在编码档位中，如电商直播需要充分地展示产品细节或对画质有较高的追求则选择"高"，如未有上述需求则选"中"。速率控制选择"CBR"（恒定码率），最大B帧设置为"2"，前向考虑与心理视觉调整（高动态范围）设置为"开"，色彩空间在电脑内存足够的情况下，选择"709"（高清数字），色彩范围选择"全部"，GPU编码优先选择"开"。

视频格式设置中可以选择RGB24或YUY2。RGB是用红色、绿色、蓝色来处理色彩空间的一种模式，而YUY2则是通过亮度、色彩和饱和度来处理色彩空间的模式。简单来说，RGB24的特点在于色彩鲜艳，而YUY2色彩饱和度略低但明暗细节保留更好。在运算速度方面，RGB24较慢，而YUY2相比更快。所以直播团队可以综合考虑对画面色彩的追求与算力，一般来说，在有采集卡的条件下优先选择YUY2。

视频码率一般设置为6000～8000bps。一般来说，码率越高，传输或处理的数据量就越大，视频质量通常就越好，但码率越高对网络上行速度的要求也越高，如果网络的上行速率较低则尽量选择6000bps。需要注意的是，切勿混淆网络的下载速度与上行速度，网络的上行速度可以在网络测速的工具中进行检测，建议网络的上行速度以大于30Mbps为佳。

第三节　抖音电商直播运营策略

直播电商运营策略实际上是一个很大的概念且包含丰富的内容，这些内容又随着不同品类存在较大的区别。为了尽可能提供较为通用的策略方法，本节将按照直播类型，将直播运营策略分为平播策略、自然流策略、付费流策略进行介绍。

一　平播策略

在抖音电商直播中，平播是指直播团队将所售商品链接全部上传，主播仅负责产品的介绍，以追求直接转化为目的的电商直播方式。该方式不需要过多的直播节奏刺激，是一种较为简单的电商直播模式。

（一）平播的优势

在业界流行着这样一句话——"电商直播的尽头是平播"。有一种观点认为，当前抖音大量电商直播带货采用的是自然流加憋单的销售模式，该类模式从数据反馈上看似可以有效刺激消费者，但电商直播在不久后或将回归到最本真的样子，那便是依托于直播媒介实时互动的技术优势，以最真诚的态度向消费者推介产品。

在人员需求方面，平播模式对主播与运营的依赖较低，主播只需要扮演一名专业的实时导购，替观众解答各类疑问，适时刺激用户下单即可，而运营不需要对直播脚本进行复杂的设计，只需要尽可能为直播间导入精准流量。

平播能够给予消费者最高效舒适的直播购买体验，适合有一定的品牌知名度、产品力较强、小众类目的直播间。

（二）平播的基础

平播看似是一种十分简单且理想的直播方式，但容易面临流量匮乏的考验。这是因为平播模式缺少了各项促销刺激与互动刺激，直播间的数据难以增长，对于绝大多数用户来说，往往不会主动为电商直播间贡献互动数据，也不愿意在没有促销活动下购买产品，这使平播直播间的人气和销售数据可能会始终处在一个较低的水平，难以刺激平台推送自然流量，更有甚者将出现直播间断流的情况。

因此，通常来说需要直播团队至少具备以下一项基础。

（1）主播有较强的专业素质与转化能力。

（2）主播或嘉宾有一定的流量基础。

（3）产品本身有一定的认知基础或竞争力。

（4）能够通过短视频或者付费渠道持续导入精准流量。

（三）平播的要点

想要做好平播模式，可以对以下几个要点进行调整或优化。

1. 货品选择

对于非品牌直播间而言，在货品选择上建议选择有兴趣基础或刚性需求的垂直品类，如钓鱼竿、游戏机、婴儿车等。在上述品类中，钓鱼竿是兴趣类产品，婴儿车是刚需型产品，从产品上便可以对目标用户进行第一波筛选，避免过泛的流量影响直播间整体的流量利用率。同时，基于兴趣基础或刚性需求，用户通常愿意给予更多机会对产品进行了解，商家也有更高的转化概率。

需要注意的是，平播直播间应尽量选择单一的品类进行直播。在SKU的选择上，可以在电商罗盘中找到对应品类的价格区间，让SKU同时覆盖价格带的最低点至最高点。在商品数量选择上，尽量将数量控制在3～6款，不宜过多，也不宜过少。最理想的选品情况是，商家所销售产品均有核心或独特的卖点，让产品卖点成为用户对直播间认知的记忆点，且产品与产品之间围绕核心卖点存在体验感的逐步递进关系。例如，某销售婴儿车的直播间，其店内婴儿车都围绕"安全减震"进行选品，打造店内所有的婴儿车都安全减震的卖点。

2. 话术选择

在抖音直播中，自然流量加憋单的过款模式多数采用大循环的话术模式，这个模式需要考虑根据流量波峰拉动人气数据，进行转款转化。而平播模式主要采用小循环的话术模式，基于合理的选品和引流后，进入直播间的用户一般对产品有一定的兴趣或需求，希望快速了解产品，所以要求主播的塑品话术尽可能缩短，并不断向新进入直播间的观众强调产品的卖点。

目前，抖音电商直播中，平播模式大多采用"持续塑品＋微逼（轻微憋单）"的话术结构，目的在于引导快速成交。逼单中，可以适当强调库存的稀缺性或价格/福利的限时性，但需要注意主播的表现不必过于夸张。

3. 流量获取

平播的直播模式需要更加重视精准流量的获取。由于平播模式下缺少对人气数据的引导，很难实现优先拉高自然流量的流速，再对自然流量进行二次筛选转化的链路。在抖音电商直播中，平播的自然推荐流量通常较差，精准流量需要通过短视频、付费获取。

采取平播模式的电商卖家，需要制作大量爆款产品的短视频，在能频繁更新的基础上，对数据表现较好的视频进行投流，不断为直播间引流。在付费投流方面，新人直播间建议优先选择小店随心推，分别小额投放两种选项，一种是投放账号短视频所对应的主要人群，另一种是选择小店随心推的智能投放模式，先测准商品的目标用户，若投产比能够成正比，后续可以考虑选择巨量千川PC端进行付费，为直播间长期提供稳定的精准流量。

二　自然流策略

自然流直播间是指依靠平台给予的免费流量进行转化成交的电商直播间。需要注意的是，自然流直播间并不意味着完全不购买付费流量，只是付费流量占比极低，或者直播间前期主要依赖付费流量校正直播间标签，拉高流量速度，通过较好的承接扩大成交密度，提升千次观看成交金额，在直播间能够稳定成交后，再降低付费的投入，甚至逐渐停止购买付费流量。

1. 模式介绍

从名称上看，自然流模式似乎不需要直播团队花费大量金钱去购买付费流量，但这并不意味着自然流模式属于一种经济型的直播模式。自然流模式的逻辑在于通过做高直播间的各项数据，让平台检测到该直播间的流量利用率较高，从而刺激平台对该直播间进行更多的流量推荐。但问题在于，直播间如何做高流量数据呢？主要有以下方面。

（1）主播有过硬的专业素养，能够拉动直播间的各类数据。

（2）产品本身具有明显的价格优势，能够从价格上源源不断地吸引观众。

（3）直播间有源源不断的福利，能够持续刺激用户的点击与停留行为。

综上来看，虽然直播间不需要投入大量预算购买付费流量，但专业主播的人力支出、商品的让利、直播间的福利供给同样也是一种投入，相当于直播间将购买流量的预算转换为以上的支出。所以，自然流并不绝对属于免费型直播模式。

实际上，自然流模式最大的优势在于其具有足够潜在价值的商业可塑性。当直播间掌握撬动平台自然流量的密码，结合直播话题的营销造势、自然流畅的排品转款、主播人设的塑造，直播间与主播或许能够在短期内创造更高的成交金额，打造出爆款产品，赚取更多的利润。这一点可能是平播模式难以实现的。

2. 自然流选品

自然流的选品十分关键。首先需要了解的是，即使直播间的标签十分精准，平台向直播间推送的免费自然流量大多数仍属于购买意愿不明确的用户。所以，自然流模式在选品上，需要注意以下几点。

（1）坚持低价原则。对于非头部直播间而言，直播间与消费者之间的信任关系较弱。想要吸引用户停留、刺激用户付费，必须且至少确保引流款产品具有明显的价格优势。

（2）选大众化的商品。自然流直播间需要尽可能选择大众化商品，如服装、日化、家居用品、食品等。总之，所选货品要尽可能覆盖更多的人群，用大众化的产品来承接平台推送的泛流量。

（3）选易消耗的产品。目前，绝大多数自然流直播间的流量并不稳定，所以想要让自然流量稳定供应，可以尽量选择消耗较高，能够形成频繁复购的产品，如厨房垃圾袋、洗发水等。

（4）选价格认知高的产品。自然流直播间要优先选择受众价格认知高的商品。价格认知高是指用户看到某个产品能够大致知晓其价格范围，只有选择价格认知高的商品，用户才能感受到直播间的破价刺激，从而形成转化。

在组品方面，自然流直播间在前期一定要配有一款自带流量的爆款产品，可以选择电商罗盘中热销靠前的产品，也可以去热门直播间中挖掘出头号热卖产品并订制或上架其对应的平替产品进行截流，但前提是直播间具有一定的价格优势，或能够提供更有吸引力的赠品。在选择好爆品后，直播间需要围绕爆品进行组品，尽量与爆品之间存在互补优势，而非递进体验关系。这是因为泛流量用户通常没有明确和刚性的购买意愿，往往更倾向于保守的消费意向，从而选择价格更为低廉的相似产品，因此会影响直播间整体的销售情况。

3. 直播结构

在抖音电商直播中，大量自然流直播间采用的是憋单加过款的直播结构。憋单需要直播团队设计及测试出数据反馈较好的憋单脚本，可以先从同类直播间中借鉴其憋单的方式与方法。但需要注意的是，头部直播间已经积累了足够多的知名度和铁粉，其憋单技巧通常较为简单，这并不意味着同样适合腰部及腰部以下的直播间使用。

相对于憋单，过款则相对复杂许多。因为不同直播间的选品必然存在一些差异，同时直播间场中流量的波动路线也不尽相同，所以需要主播本身有足够的经验，能够根据流量的实时变化灵活应对不同的话术，改变承接产品的顺序。这对主播在直播间的气氛调节能力、流量洞察能力、流量承载能力、排品节奏把控上均提出了考验。自然流直播并不适合新人主播和新人直播团队。

三　付费流策略

抖音直播电商的付费流与自然流在概念上比较接近，是一种主要依靠购买付费流量作为直播间主要流量来源的直播模式。理论上来讲，付费流适合所有类目以及所有直播模式的电商直播间，同时采用直接买入流量的方式，能够迅速搭建出直播间的目标模型。但是，如果需要考虑付费投入与成交产出的比例，那么付费流仅适合一部分商家和类目。

（一）适合对象

如今，随着平台获取流量的成本不断提高，平台内付费流量的价格也节节攀升。考虑到这一现状，直播团队在选择付费模式时，需要优先思考直播间是以盈利为目的，还是以品牌建设或市场占有为目的。

1. 以盈利为目的

若直播间优先将盈利作为主要目标，那么在选择产品上，尽量向以下方向靠拢。

（1）产品有足够的潜在或刚性需求。

（2）产品有较高的利润空间或较低的退货率。

（3）产品具有礼品或社交属性。

只有当产品有足够的需求时，商品方能实现动销，才具备平衡投入与产出（"平衡投入与产出"在业界简称为"打正投产"，后文均使用此简称）的可能性。另外，在付费直播中，商家的利润等于GMV扣除投流金额、商品成本、人工与耗损成本后的金额，一般来说，中低客单商品需要毛利率超过50%才适合付费流模式，但涉及一些高复购、低退货率的品类（如零食、内衣等），毛利率也可以低至20%。最后，在信息高度透明的时代，商品的利润空间实际上来自非理性状态下消费者对产品价值的模糊感，也就是当产品具有礼品属性或社交属性时，为了满足感性心理，消费者才愿意花更多的钱为其买单，所以付费流模式直播间选品需要仔细琢磨。

2. 考虑品牌建设或市场占有为目的

若直播间将品牌建设或市场占有作为付费模式的主要目的，商家需要尽量满足以下条件。

（1）产品具有供应链或技术壁垒。

（2）选择客单价偏高的品类。

（3）所售品类单一或目标人群单一。

商家选择具有一定的供应链或技术壁垒的产品是为了防止直播间投入大量流量成本打造出热销爆款后，被同类平替型产品迅速截流的情况。其中，技术壁垒容易理解，而供应链壁垒包括原材料源头供应、中端制造加工、仓储与运输的壁垒性优势。若商家缺乏自主核心竞争力，最好能够依托地方的产业集群建立壁垒优势。

商家选择客单价偏高的品类产品通常是因为高客单价的直播间人气数据较低，综合电商表现数据较差，本身无法达成平台对直播间的数据考核，所以选择这一类产品可以有效隔离大部分自然流直播间的竞争，也恰好可以发挥付费模式的本身优势。需要注意的是，直播团队需要选择高客单价的品类，而不是指单纯选择价格更高的产品，例如，热销墨镜的单价为20元/副，商家选择了50元/副的产品进行销售。商家需要选择的是价格更高的品类商品，如电动升降桌这类产品，客单价均处在大几百元的区间，才是付费流直播间的优先选择。

售卖产品类型单一或产品对应同一类型人群的直播间也是付费流量产品的主要客户。前面提到，平台推荐的自然流量精度通常不高，若直播间想要出售深垂度的产品，普通直播间至少需要在前期购买付费流量，校准流量精度后再慢慢降低付费流量比例，新人直播间很难在账号前期就得到足够多的精准流量，若前期泛流量占比较高，则会影响账号的各项数据，让账号陷入恶性循环。而目标在于建立品牌形象或占有市场份额的资本型直播间便更需要长期购买付费流量，以确保直播间的触达宽度和精度。最后需要注意的是，如果没有足够的预算资金，建议直播间避开珠宝、茶叶等大类通货产品的品牌建设。

（二）流量产品的选择

目前，绝大多数直播间选择小店随心推和巨量千川PC端作为付费流量产品。从两款产品的投流界面来看，小店随心推操作简单，可选项较少，每次投放独立计算，产品定位为轻量级广告服务产品。巨量千川PC端操作复杂，可选项较多，会累计历史投放数据建立投放模型。这也预示着小店随心推可以完成短期简单的流量触达任务，而想要长期稳定的流量导入则需要选择巨量千川PC端。

1. 小店随心推的适用对象

小店随心推主要适用于中小型商家，或直播间起号阶段和小规模测投的场景。对于一部分中小型直播间，其本身受众范围较小，GMV上限较低，并不建议投入大量的资金去建立千川账号进行投流。

在使用场景方面，对于新人直播间而言，无论销售哪类产品，依然建议选择小店随心推作为前期投放产品。一方面，刚入门的直播团队的流量承接能力较弱，同时需要一定的磨合周期，建议待直播团队能够稳定成交后再大面积购入付费流量。另一方面，流量承接能力不仅取决于主播的专业素质，也考验产品的吸引力，小店随心推的低门槛特点非常适合对产品进行测试，能够快速帮助直播间了解产品的竞争力。

小店随心推的投放一般有两种路径，一种是直接加热直播间，另一种为短视频加热直播间。直接加热直播间是平台直接向用户推荐直播画面，而短视频加热直播间是通过对短视频素材进行曝光投放，吸引观众在观看短视频后点击直播间进一步了解更多内容。两种路径中主要有两类目标选择，分别是"直接成交"和"ROI提升"，其他提升人气值的投放选项可以在预算充足的情况下进行补充。

（1）直接成交。"直接成交"选项是付费购买下单量的一种模式，也可以通俗理解为一种中介模式，即平台每给直播间拉来一位成交用户，直播间就支付相应的金额给平台。该模式比较适合新建立的直播间，如果直播间人群不精准，可以直接通过选择系统的智能投放，快速地拉出账号的成交模型，但是该投放模式需要商家储备充足的预算，连投5天以上为佳，短期投放的效果可能不够精准。

（2）ROI提升。ROI提升是以追求销售成交额的一种广告投放方式，可以理解成一种成本控制型流量投放产品。进入RIO提升的投放界面，可以看到界面中间位置出现了"ROI的目标值设置"选项，假设推荐目标值中显示了19.01的数值，继续点击"请设置目标值"，可以看到输入框中自动出现了15.21～19.96的默认数值。

ROI目标数值实际上是系统根据账号的历史成交表现所计算出的广告投入与最终成交的比例值。例如，系统根据对应直播间的往期成交表现，测试出此时直播间投流ROI数值为19.01，是指该直播间投入100元购买付费流量，最终系统预算付费流量能够产生1901元的成交金额。当然，低客单和腰部及以下直播间通常很难超过19.01的ROI值。

需要注意的是，在手动选择ROI数值时，尽量输入系统推荐范围内的数值，既不能过高，也不能过低。一般来说，当ROI数值设置过高时，推流速度会非常缓慢，效果较差。所以账号前几次投放建议设置较低的ROI数值观察数据的流动情况，若数据表现较好，后期则可以尝试逐步提高ROI的数值来实现ROI优化的目标。

一般来说，ROI提升适用于流量转化率较好的成熟期直播间，反过来，通过该功能也可以测试出直播间的流量转化能力。这是因为ROI提升的投放逻辑也是根据账号的往期数据进行流量投放和测算，如果账号前期数据较差或没有前期数据，系统无法帮助直播间进行标签识别，则会导致投放效果较弱甚至没有效果，所以不建议新人直播间在前期选择该付费模式。

2. 巨量千川PC端的适用对象

巨量千川并不是仅针对抖音直播电商的投放产品。实际上，巨量千川的投放场景非常丰富，既涵盖了短视频、直播的内容场，也涵盖了搜索（广告）、商城的各类场景，能够为投放者在投前洞察、投中优化、投后度量提供各类帮助。考虑到本节主要讨论直播电商，所以集中介绍巨量千川PC端在直播电商场景下的应用。

相较于小店随心推，巨量千川PC端的极速版和专业版均有更多的概念性选项需要提前了解。首先，巨量千川PC端需要商家在投放前建立投放计划，进入投放计划后可以看到有多组选项以供选择。

（1）基础选项介绍。

第一组为营销场景。在营销场景中，包括日常销售、新客转化、直播加热三类营销选项。其中，日常销售在官方的解释中是满足商家日常销售需求，提升商品销量的投放选项；新客转化是提升店铺/品牌/抖音号的新客购买占比的选项；直播加热时帮助快速提升直播观看量、互动量，进而促进转化的一站式直播推广选项。若账号处在成长期，优先选择日常销售；若账号处在成熟期，可考虑选择新客转化；直播加热适合预算充足的直播间建立投放计划。

第二组为广告类型。广告类型包括通投广告和搜索广告。通投广告是指平台将直播间推向多个流量渠道进行曝光，寻找对直播间所售商品或直播间感兴趣的用户。若商家想要扩大流量池实现增量，则可以选择通投直播间；搜索广告主要将直播间推向抖音、抖音商城等搜索流量渠道，当用户通过搜索词触发直播间相关内容后，平台将优先向用户展示直播间内容。搜索广告的流量通常较为精准，适合想要获得精准转化的商家。

第三组为推广方式。推广方式包括托管和自定义。托管方式非常容易理解，即委托系统进行自动化投放，选择该方式后，系统将不断探索流量并实时调整投放策略，包括调整出价和补充新计划等。该模式最大的优势在于轻松简单、投放智能，适合成熟期的直播间。但需要了解的是，目前自动化投放水平还有一定的进步空间，如账号前期所积累的各项数据不够完善时，托管模式有较大亏损的可能。但由于直播间内存在太多的不确定性因素，预算充足的商家可以同时建立托管投放计划和自定义投放计划。自定义投放计划是为满足精细化投放所设置的选项，进入自定义投放后，可以完成更多的自定义设置。

（2）自定义设置要点。进入自定义投放后，需要投放者完成三组设置，分别是投放设置、定向人群、添加创意。由于内容量较大，以下主要介绍关键性选项及其适用对象。

在投放设置中，有两种投放方式可供选择，即控成本投放和放量投放。成长期直播间建议选择控成本投放，对于一般成长期直播间而言，在资金有限的情况下，需要尽可能稳定的ROI，最大限度使用投放预算。放量投放一般适合建号初期起量困难的直播间，或有稳定销量但希望冲击更高销量的成熟期直播间，选择该模式容易出现放量成本过高的情况。但该模式不建议预算不够充足的初期直播间，可选择小店随心推进行起量，待打正投产比后，直接选择控制成本投放。

在优化目标中，共有9个选项可供选择，但重点考虑直播间成交、支付ROI、成交ROI。其中，绝大多数成长期直播间可以优先选择直播间成交，毕竟成交是一切的基础；支付ROI与小店随心推中的支付ROI功能相似，其公式为：

$$支付ROI = \frac{成交金额}{消耗}$$

该选项可以帮助直播间优化直播支付投入产出比，适合成熟期的直播间进行选择；结算ROI是以7天结算ROI为优化目标，该选项考虑了周期内的退款金额，理论上，结算ROI更加精准稳定，适合退货率高、成交周期较长的商品。

投放时长设置需要根据直播间的直播周期进行配对设置，对此在这不进行额外的介绍。日预算需要根据直播间体量填写，日预算消耗完后可以随时补充。建议成长期直播间可以填相对较小的数值，控制在500~1000。

"出价"是指商家愿意为每次付费点击/转化所支付的费用。一般来说，出价越高，出效越快；出价越低，跑量越慢。建议商家可以尝试对比多次出价的结果，最终稳定出价价格。

定向人群的选择是巨量千川PC版中最具有难度，同时也是决定投放效果的关键因素。进入"定向人群"界面，可以看到共有3个选项可供选择，分别是"不限""自定义定向""已有定向包"。其中绝大多数商家都会选择自定义定向，在完成自定义定向后可将该定向设置进行保存，在后续的投放中，如直播间未发生变动，可直接选择"已有定向包"导入预设。

在自定义定向中，需要重点关注"行为兴趣""抖音达人""更多人群"三个选项。其中，"行为兴趣"适合需要前期起量的直播间，该选项短期效果较好。"抖音达人"风险较高，不建议大多数直播间进行选择。"更多人群"适合成熟期直播间进行设置，该选项虽然前期容易亏损，效果一般，而一旦校正了该人群模型，则可以获得精准且稳定的付费流量，但需要直播间花费大量时间和精力进行探索。

除了上述重点介绍的选项，直播间可以根据当前自身直播间所欠缺的数据自行补充，如点击量、点赞量等。实际上，巨量千川PC端需要介绍的内容非常丰富，但由于不同直播间人、货、场都存在较大差异，且同一个直播间也存在不同的发展阶段，所以无法提供更多通用型的方法路径，具体的内容需要在实践中自行探索。

3. 付费直播间话术结构

在付费直播间中，主播可以不用过多考虑人气数据，也可以不用考虑泛流量的转化问题，只需要负责承接精准流量，所以话术结构也相对简单。付费直播间的话术框架主要分为三个部分，一是对应需求，二是体验展示，三是引导下单，一般采取小循环模式进行密集成交。

（1）对应需求。主播需要明确提示产品的适用人群、适用（痛点）场景。让进入直播间的精准用户确定"这里有我需要的产品"。但需要注意的是，精准流量也只是有精准付费意愿的普通人，可结合用户的目标需求，推介一些用户所需要的福利品，吸引用户停留，或者适当做高人气数据。不过这一部分需要控制好时长，不要占用太多的时间。

（2）体验展示。体验展示的目的是让精准用户确定"这个产品值得买"。主播需要结合痛点场景，对产品进行体验性描述或者测试，尽可能以直观的方式让用户对该产品建立信任。

（3）引导下单。引导下单也是付费直播间的必须性话术结构，可以通过各类限时福利，尽量引导用户当日成交。